100 Recettes
pour rompre
la Glace

Préface
PATRICE LAFFONT

Photographies Hervé AMIARD

JEAN PIERRE TAILLANDIER

Vous avez dit glace ?

Mot magique pour le narcissique chronique sans cesse
à la poursuite de sa propre image.
Mot stratagème pour celui qui veut la briser.
Mot le plus long pour ceux qui les connaissent éternelles.
Pour l'enfant que j'étais, et cela continue, un simple mot d'amour
synonyme de fête. Mot feux d'artifice de couleurs et de senteurs qui
font voyager. Mot hors des saisons et des modes.
Pour moi, on ne mange pas de la glace, on la déguste,
on prolonge son entrée au palais, on redoute sa froide caresse
qui fait paradoxalement frissonner de plaisir.
Au-delà de la multiplicité de ses parfums, la glace a un goût de
récompense et de cadeaux. Elle me semble être un trait d'union joyeux et
naturel entre le monde de l'enfance et l'âge adulte.
Je suis fou des glaces, et l'une des images (encore du papier glacé !)
les plus vivaces que je garde de ces vacances familiales qui semblaient
sortir d'un livre de la Comtesse de Ségur, concerne ma grand-mère
préparant des glaces extraordinaires tandis que nous agacions ses jupes
empesées, dans l'espérance d'une dégustation.
Elle ne cédait jamais, et quand l'heure du goûter arrivait, elle déposait
sur la toile cirée multicolore, les fameuses glaces sur lesquelles
nous nous jetions dans un joyeux désordre.
Là, elle nous oubliait et dégustait majestueusement, en quelques minutes,
un litre de glace qui était sa récompense, et dont elle ne nous
laissait jamais la moindre goutte.
Elle a vécu très vieille. Et chaque fois que je mange une glace,
c'est-à-dire plusieurs fois par semaine, je me souviens de son œil
malicieux et gourmand, tout entier tourné vers la ligne du plaisir.
Je vous offre ce souvenir, et je vous dis joyeusement :
à vos glaces, prêt, fondez.

Patrice Laffy

Les 4 saisons des glaces

Nougat glacé aux fruits rouges ou sorbet au citron vert arrosé de vodka ? Vacherin aux fraises à la crème anglaise ou gratin de figues à la glace vanille ?
Leur simple évocation est un délice... Rondes comme des pommettes, mouchetées de grains de chocolat ou de zestes de fruits confits, les glaces d'aujourd'hui sortent leur plus bel habit pour nous séduire.

Nappée d'un coulis de framboises, enfouie sous des noisettes grillées ou réchauffée d'une sauce au caramel, la glace brise la glace : en quelques années, elle est devenue la gourmandise rafraîchissante des petits et des grands. En "pouss" ou en bâtonnets, en cornets ou en gâteaux, elle ne cesse de nous étonner. Voici qu'un vent exotique souffle sur elle, et nous fait découvrir des parfums venus d'ailleurs : mangue, fruit de la passion, kiwi, noix de coco, citron vert... Et l'évasion est là, au bout de la cuillère, prête à nous faire fondre. Les fabricants ne cessent d'encourager ce délicieux voyage, et rivalisant d'astuce et d'imagination, multiplient les innovations inédites et les associations de parfums originales.
A coté des omelettes norvégiennes et des parfaits de toujours, apparaissent des kouglofs glacés, des délices tropicaux meringués et des douceurs en trompe-l'oeil, telles les figurines glacées en trois dimensions, en forme de personnages de dessins animés. Reste ce goût de fête, le plaisir onctueux auquel nul ne résiste, été comme hiver. Oui la glace se déguste en toutes saisons, il existe une glace pour chaque occasion.

Histoire de glaces...

Bien avant notre ère, les chinois et les arabes connaissaient les entremets glacés. Les khalifes de Bagdad buvaient des sortes de sirops refroidis avec de la neige, absence de réfrigérateur oblige. Ils baptisèrent leurs glaçons fruités "sharbets", d'où vient le mot sorbet.
Et c'est à la cour d'Alexandre le Grand, quatre siècles avant Jésus-Christ, que les premières glaces aux fruits virent le jour, macédoines mélangées à du miel, versées dans des récipients qu'on entourait de neige.
Cette solution plut à Néron, qui n'hésita pas, lors d'un festin, à se faire livrer par estafettes rapides, un cocktail d'eau de rose, de miel, de fruits et de résine entreposé au pied des montagnes situées à 400 kilomètres... l'histoire ne dit pas si elles fondirent avant d'arriver...
Les invités eux, furent conquis. Sous le marbre des arches et des colonnes triomphales, l'aristocratie romaine fit construire des caves spécialement aménagées pour la conservation des glaces. Dès lors, en Italie, une fête sans rafraîchissement glacé devient inconcevable. En France, il fallut attendre un mariage, pour que les gourmands découvrent ce bon dessert qui fond dans la bouche avant qu'on ait eu le temps de l'admirer... Catherine de Médicis épouse Henri II et importe de son pays les glaces dites "à l'italienne", inspirées, des recettes chinoises rapportées par Marco Polo. La cour s'emeut. Buantalenti, "faiseur d'eau", c'est-à-dire confectionneur de boissons et mets glacés à la maison du Roi, devint un personnage presqu'aussi adulé que le roi lui-même. Il crée un dessert à base de liqueur de fruits et de sucre qu'il fait geler dans de la glace et du sel et les conseillers le surveillent : là ils décident que la recette demeurera "Secret d'état". Le peuple en ignore même l'existence !
Mais les Italiens ont du flair. Ils savent que les Parisiens ne résisteront pas à l'appel du froid. Bientôt la glace cesse d'être un mets de roi et conquiert la bourgeoisie, laquelle ne se rencontre pas au château, mais... au café. en 1660, Procopio di Coltelli, ouvre en face de la Comédie Française le café Procope. La mode est lancée. La glace devient une friandise à consommer en toutes saisons dans les établissements spécialisés qui éclosent dans le quartier du Palais-Royal.

Pendant la Révolution Française, les cafés-glaciers deviennent les rendez-vous privilégiés des Jacobins : Chabot, Collot d'Herbois et leurs amis se régalent de sorbets au marasquin chez Corazza tandis que Camille Desmoulins élit le Café de Foy, installé sous les arcades de la Galerie Montpensier... Il est vrai que ces douceurs ont de quoi troubler les révolutionnaires. Procope propose un choix de plus de quatre-vingt variétés... Le lieutenant d'artillerie Bonaparte commence à fréquenter ardemment ce lieu. Il apprécie tant ces friandises glacées, qu'en exil à Sainte-Hélène, il reçoit un appareil à fabriquer des glaces envoyé par une anglaise compatissante...
Les Parisiens semblent éprouver le même enthousiasme.

C'est au début du 19ème siècle qu'une série d'inventions permettra de satisfaire la demande.
L'ère de la crème glacée industrielle s'annonce : la première usine de crème glacée est créée à Baltimore en 1851.
Depuis, les progrès ont été considérables, et la mise au point des techniques comme la pasteurisation et l'homogénéisation ont permis d'obtenir des glaces de grande qualité, de bonne conservation et de texture parfaite.

La glace a toujours été de la fête et continue d'y participer : au cinéma, à la plage, dans un dîner gastronomique, elle est restée au fil des années, une friandise, un plaisir de bouche auquel on ne résiste pas. Qui ne se souvient des bâtonnets de glace léchés devant un film de Walt Disney, a oublié toute son enfance...
Mais, alors qu'elle était hier une douceur réservée aux grandes occasions, elle est entrée petit à petit dans notre univers quotidien, car au confluent de nouvelles habitudes alimentaires, la glace fait boule de neige...
Au restaurant, on peut même la déguster entre deux plats. A la maison, on la savoure au dessert, mais aussi en rentrant de l'école, d'un match de foot ou d'un cours d'aérobic. Dans la rue ou au cinéma, elle fait partie du décor, celui de l'évasion. Pas de doute, avec elle, la fête a lieu 365 jours par an et parfois plus...

Petits babas endiablés par une glace rhum-raisins, crêpes fourrées vanille-chocolat-pistache ou petite bombe au chocolat ? La liste est longue, et derrière le mot glace, se cache un énorme trésor, un palais de Dame Tartine qui, à peine apparu, fond déjà. Son décor se transforme, s'habille volontiers en fonction des saisons.

Parce qu'elle se conjugue à tous les mois du calendrier, la glace est un aliment des 4 saisons. Impossible avec elle de sombrer dans la monotonie !

AU PRINTEMPS, alors que la campagne encore frileuse libère ses premiers bourgeons, alors qu'on range sa doudoune et ses gros pulls, la glace réveille un appétit tout neuf.
Les douceurs s'éclaircissent et la fête s'annonce pimpante. On trouvera dans ce chapitre, de quoi faire éclore la gourmandise : de la coupe de glace à la noix de coco et sorbet framboise baignés de coulis, à la génoise fourrée de sorbet à la mangue et nappée de crème anglaise...
de la charlotte rose au cocktail vert, tout annonce une fraîcheur ensoleillée, celle des premiers déjeuners sur la terrasse.
Le printemps est pur, il est aussi tout neuf.
Pourquoi ne pas lui dédier une fête en blanc ?
Vacherin vanille-noisette, pièce montée réalisée à partir de boules de glace à la noix de coco, coupe de champagne agrémentée d'une boule de sorbet : on fond déjà !

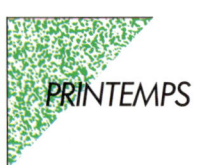
PRINTEMPS

L'abricotier

Préparation : 20 minutes
Pas de cuisson

Pour 4 personnes :
- 1/2 litre de sorbet abricot
- 500 g de fraises
- 40 g de sucre
- 4 citrons
- 1 orange

Laver et équeuter les fraises.
Presser le jus des citrons et de l'orange.

Dans le bol d'un mixer, mettre les fraises, le sucre et le jus des fruits.

Mixer le tout, puis passer le mélange au chinois, grille fine. Réserver le jus obtenu.

Dans le mixer mettre le sorbet à l'abricot, mixer.

Verser cette préparation à l'abricot dans des verres bien froids, puis ajouter le jus des fraises.

Servir avec des pailles, mélanger avant de boire le cocktail.

PRINTEMPS

Assiette de fraises à la menthe

Préparation : 20 minutes
Pas de cuisson

Pour 4 personnes :
- 1/2 litre de sorbet menthe
- 400 g de fraises
- quelques feuilles de menthe
- 200 g de chocolat noir
- 1 c à soupe de crème fraîche

Faire fondre le chocolat au bain-marie avec 1 décilitre d'eau.
Ajouter la crème et garder au bain-marie hors du feu.

Laver et équeuter les fraises, les émincer.

Laver et essuyer la menthe, la ciseler.

Dans les assiettes de service, déposer les fraises en forme d'éventail, puis ajouter le sorbet à la menthe en le moulant à l'aide d'une cuillère.

Saupoudrer de menthe ciselée.

Servir aussitôt avec la sauce au chocolat chaud et quelques gâteaux secs au chocolat.

PRINTEMPS

Charlotte rose

Préparation : 30 minutes
(20 minutes à l'avance)
Pas de cuisson

Pour 6 personnes :
- 1/2 litre de glace à la vanille
- 1/2 litre de glace à la fraise

Chantilly :
- 1 dl de crème liquide
- 40 g de sucre
- quelques fraises
- 1 kiwi
- 1 boîte de biscuits de Reims

Crème anglaise :
- 1/2 l de lait
- 80 g de sucre en poudre
- 4 jaunes d'oeufs
- 1 gousse de vanille

Préparer la crème anglaise : faire bouillir le lait avec la gousse de vanille fendue. Laisser infuser 10 minutes. Gratter l'intérieur de la gousse de vanille pour récupérer les graines aromatiques. Les ajouter au lait.

Dans une terrine travailler les jaunes d'œufs avec le sucre pour obtenir un mélange onctueux et crémeux, verser progressivement le lait chaud sur ce mélange.

Sur feux doux faire épaissir la crème en fouettant sans arrêt. Dès que la crème nappe la cuillère, retirer du feu.

Garnir le moule à charlotte d'un litre avec les biscuits de Reims.

Travailler la glace à la vanille pour la rendre plus souple, en garnir le moule à charlotte. Faire de même avec la glace à la fraise.

Lisser la surface, recouvrir de biscuits.
Remettre au froid 20 minutes.
Battre la crème en Chantilly avec le sucre.
Démouler la charlotte décorer le dessus avec les fraises, des tranches de kiwi et la Chantilly.
Servir aussitôt avec la crème anglaise.

PRINTEMPS

Cocktail Joséphine

Préparation : 15 minutes
Pas de cuisson

Pour 4 personnes :
- 1/2 litre de glace à la banane
- 1 dl de whisky
- 4 c à soupe de sirop de fraises
- 4 fraises

Dans le bol d'un mixer mettre la glace à la banane, le whisky, le sirop de fraises.

Mixer pour bien mélanger le tout. La préparation doit être onctueuse et mousseuse.

Verser le liquide dans des verres bien froids, décorer le bord du verre avec une fraise.

PRINTEMPS

Coupe Lady

Préparation : 15 minutes
Pas de cuisson

Pour 4 personnes :
- 1/2 litre de glace à la noix de coco
- 1/2 litre de sorbet framboise
- quelques feuilles de menthe
- le jus d'un citron
- 40 g de sucre

Dans le bol d'un mixer mettre 150 g de framboises, le sucre et le jus du citron.

Mixer le tout et réserver au froid.

Laver et sécher les feuilles de menthe puis les ciseler.

Faire refroidir pendant quelques minutes quatre coupes.

Verser un peu de coulis de framboises dans le fond de chaque coupe.

Déposer une boule de glace à la noix de coco puis quelques framboises, le sorbet à la framboise, une autre boule de coco, quelques framboises à nouveau et la menthe ciselée.

Servir aussitôt.

PRINTEMPS

Coupe printemps

Préparation : 15 minutes
Pas de cuisson

Pour 4 personnes :
- 1 litre de sorbet aux fruits rouges (fraises ou framboises)
- 4 c à soupe d'alcool de fraises
- 2 kiwis
- quelques fraises
- quelques cerises

Chantilly :
- 1 dl de crème liquide ou fleurette
- 30 g de sucre

A l'aide d'une cuillère à glace préparer les boules de sorbet et les garder au froid

Laver et équeuter les fraises, dénoyauter les cerises, peler et couper les kiwis en tranches.

Dans une jatte bien froide mettre la crème liquide et le sucre. Battre en Chantilly puis en remplir une poche à douille cannelée.

Dans des coupes préalablement refroidies, déposer quelques fraises, quelques cerises, les boules de sorbet aux fruits rouges, les tranches de kiwis et à nouveau quelques fraises.

Recouvrir avec la Chantilly.

Servir aussitôt.

PRINTEMPS

Coupe Passion Framboises

Préparation : 20 minutes
Pas de cuisson

Pour 4 personnes :
- 1/2 litre de sorbet fruits de la passion
- 4 fruits de la passion
- quelques copeaux de chocolat
- 150 g de framboises
- 40 g de sucre
- le jus d'1 citron

Dans le bol d'un mixer mettre les framboises, le sucre et le jus de citron.

Mixer le tout et garder au froid.

Mettre quatres coupes à rafraîchir dans le freezer.

Couper en deux les fruits de la passion. A l'aide d'une petite cuillère retirer la pulpe et la réserver.

Dans les coupes froides verser un peu de coulis de framboises, ajouter les boules de sorbet, puis la pulpe des fruits de la passion.

Saupoudrer de copeaux de chocolat.

Servir aussitôt.

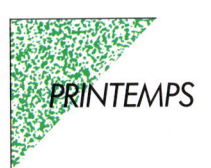

PRINTEMPS

Coupe Tennis

Préparation : 15 minutes
Pas de cuisson

Pour 4 personnes :
- 1/2 litre de glace à la noix de coco
- 1/2 litre de glace à la pistache
- quelques pistaches mondées
- 200 g de chocolat noir
- 1 c à soupe de crème fraîche

Faire fondre la chocolat au bain-marie avec 1 dl d'eau puis ajouter la crème.

Garder au chaud, au bain-marie, hors du feu.

Concasser les pistaches à l'aide d'un pilon ou au mixer, en veillant à ne pas les réduire en poudre.

Mettre des coupes à rafraîchir dans le freezer ou dans le congélateur.

Au moment de servir :

Déposer dans les coupes froides les boules de glaces à la pistache et à la noix de coco.

Saupoudrer de pistaches concassées.

Ajouter la sauce au chocolat.

Servir aussitôt avec des tuiles.

PRINTEMPS

Duo sur canapé

Préparation : 15 minutes
Cuisson : 4 minutes

Pour 4 personnes :
- 1 litre familial de glace vanille-fraise
- 8 tranches de pain brioché
- 150 g de framboises
- 40 g de sucre
- le jus d'un citron

Dans le bol d'un mixer mettre les framboises le sucre et le jus de citron.
Mixer et garder au froid.

Préchauffer le four, déposer les tranches de pain sur la grille du four, les faire dorer sous le grill 2 minutes, les retourner pour faire dorer l'autre face.

Couper la glace en tranches, déposer une tranche sur chaque morceau de pain brioché.

Ajouter quelques framboises fraîches.

Servir aussitôt avec le coulis de framboise.

PRINTEMPS

Fête en blanc

Préparation : 1 heure
Pas de cuisson

Pour 10 personnes :
- 2 litres de glace à la vanille
- 2 litres de glace à la noix de coco
- 20 à 30 dragées jaunes et blanches
- 3 litres de sorbet poire
- 1 sachet de mimosas en sucre
- 2 vacherins à la glace pralinée

A l'aide d'une cuillère à glace, préparer des boules de glace à la noix de coco et à la vanille et les réserver au congélateur.

Dans des coupelles en papier blanche et jaune, déposer deux boules de sorbet poire et former un dôme à l'aide d'une fourchette. Déposer quelques mimosas de sucre, mettre au congélateur.

Sur une assiette bien froide déposer en alternant les boules de glace à la noix de coco et à la vanille en formant un cercle puis superposer les boules pour former une pyramide. Décorer avec les dragées, remettre au congélateur.

Au moment de servir, dresser les vacherins sur les plats de service, et les présenter avec la pyramide de glace à la noix de coco et les coupelles de sorbet à la poire.

Servir avec un champagne au citron. (photo p. 8).

PRINTEMPS

Champagne au citron

Préparation : 20 minutes
Pas de cuisson

Pour 10 personnes :
- 2 litres de sorbet citron
- 2 bouteilles de Champagne brut

A l'aide d'une cuillère à glace, former les boules de sorbet, les réserver au congélateur.

Au moment de servir, déposer dans des coupes bien froides une ou deux boules de sorbet citron, puis verser le champagne bien frais.

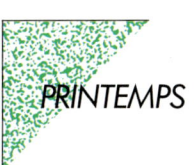
PRINTEMPS

Glace aux fraises en îles flottantes

Préparation : 20 minutes
Cuisson : 15 minutes

Pour 4 personnes :
- 1/2 litre de glace à la fraise
- 3 blancs d'œufs
- 40 g de sucre en poudre
- 300 g de fraises
- 1 carambole (fruit brésilien en forme d'étoile) facultatif

Crème anglaise :
- 1/2 l. de lait
- 4 jaunes d'œufs
- 80 g de sucre
- 1 gousse de vanille

Préparer la crème anglaise : faire bouillir le lait avec la gousse de vanille fendue. Laisser infuser 10 minutes. Gratter l'intérieur de la gousse de vanille pour récupérer les graines aromatiques. Les ajouter au lait.

Dans une terrine travailler les jaunes d'œufs avec le sucre pour obtenir un mélange onctueux et crémeux. Verser progressivement le lait chaud sur ce mélange.

Faire épaissir la crème sur feu doux en fouettant sans arrêt. Dès que la crème nappe la cuillère, retirer du feu.

Battre les blancs d'œufs en neige, avant qu'ils ne soient très fermes ajouter le sucre.

Porter à ébullition une casserole d'eau, baisser le feu et laisser frémir.

A l'aide d'une grande cuillère, déposer les blancs d'œufs moulés et laisser cuire 1 à 2 minutes dans l'eau frémissante. Les retourner et laisser cuire encore 1 minute.

Les égoutter sur un plat recouvert d'un torchon, recommencer l'opération.

Laver et équeuter les fraises, les émincer.

Dans les assiettes de service verser un peu de crème anglaise déposer les blancs d'œufs entiers ou coupés en lamelles.

Ajouter les fraises émincées puis la glace aux fraises, en boules ou en copeaux.

Décorer de quelques tranches de caramboles.
Servir aussitôt

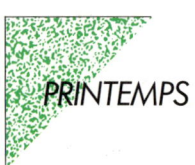
PRINTEMPS

Préparation : 30 minutes
(1 heure à l'avance)
Pas de cuisson

Pour 4 personnes :
- 1/2 litre de glace à la noix de coco ou à la vanille
- 150 g de groseilles
- 100 g de cassis
- 100 g de sucre
- 10 feuilles de gélatine

Gelée de fruits rouges au coco

Egrapper les groseilles et les cassis.
Dans une casserole mettre la moitié des groseilles et les faire crever sur feu doux 2 à 3 minutes.

Les passer au chinois pour récupérer le jus et la pulpe.

Faire tremper les feuilles de gélatine dans un peu d'eau froide.

Préparer un sirop avec 2 décilitres d'eau et le sucre. Il doit napper la cuillère.

Lui ajouter le jus de groseilles puis les feuilles de gélatine égouttées pour les faire fondre.

Dans un moule mettre la moitié de l'appareil à gelée, des groseilles et des cassis, faire prendre au froid. Recommencer l'opération, laisser au froid au moins 1 heure.

Au moment de servir démouler la gelée et la couper en cubes.

Dans chaque coupe, déposer des cubes de gelée ajouter les boules de glace puis à nouveau quelques cubes de gelée.

Servir aussitôt.

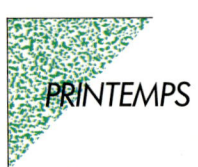
PRINTEMPS

Génoise à la mangue

Préparation : 30 minutes
(6 heures à l'avance)
Cuisson : 40 minutes

Pour 6 personnes :
- 1 litre de sorbet mangue
- 1 mangue fraîche

Chantilly :
- 20 cl de crème liquide ou fleurette
- 40 g de sucre

Génoise :
- 120 g de farine
- 160 g de sucre en poudre
- 50 g de beurre fondu
- 6 œufs

Préparer la génoise : préchauffer le four Th. 5/150°. Dans une jatte mettre les œufs entiers et le sucre.

Bien mélanger puis mettre la préparation sur un bain-marie (l'eau ne doit pas bouillir).

Battre au fouet électrique jusqu'a ce que le mélange ait triplé de volume.

Incorporer alors la farine en la tamisant et en soulevant la masse. Puis ajouter le beurre fondu.

Verser la préparation dans un moule carré préalablement beurré.

Enfourner, au bout de 10 minutes de cuisson baisser le thermostat à 4/120° et laisser cuire encore 30 minutes.

Démouler la génoise sur une grille, la recouvrir d'un torchon et laisser reposer au moins 6 heures.

Dans une jatte bien froide, mettre la crème et le sucre et battre en Chantilly. En remplir une poche à douille cannelée.

Couper les bords du gâteau puis le couper en deux dans l'épaisseur

Déposer le sorbet mangue sur la génoise en une couche de 2 centimètres d'épaisseur.

Recouvrir avec l'autre moitié de génoise, lisser les bords. Décorer la surface avec la Chantilly.

Remettre un peu au froid.

Au moment de servir, décorer de quelques morceaux de mangue fraîche.

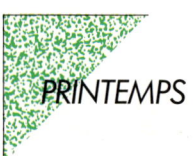
PRINTEMPS

Glace meringuée sauce pistache

Préparation : 20 minutes
Cuisson : 10 minutes

Pour 4 personnes :
- 4 glaces meringuées individuelles à la vanille
- 7 dl de lait
- 7 jaunes d'œufs
- 80 g de pâte de pistache
- 120 g de sucre en poudre
- 1 gousse de vanille
- quelques pistaches

Fendre la gousse de vanille en deux dans le sens de la longueur, faire chauffer le lait avec la vanille.
Dans une jatte, mettre les œufs, le sucre, fouetter jusqu'à ce que le mélange devienne mousseux.
Retirer la gousse de vanille et verser le lait petit à petit.
Faire cuire sur feu doux sans cesser de tourner. Ajouter la pâte de pistache en fouettant pour l'incorporer, laisser refroidir.
Concasser les pistaches.
Dans les assiettes de service, verser un peu de sauce à la pistache, déposer les glaces meringuées.
Saupoudrer de pistaches concassées.
Servir aussitôt.

Goûter d'enfants

PRINTEMPS

Préparation : 10 minutes
Pas de cuisson

Pour 4 personnes :
- 1/2 litre de glace à la fraise
- 1/2 litre de lait
- 1 trait de grenadine
- 12 fraises

Milk shake à la fraise

Dans le bol d'un mixer mettre la glace, le lait et 8 fraises. Bien mixer le tout, puis verser le liquide dans les verres.

Ajouter un peu de grenadine.

Décorer le bord des verres avec une fraise.

Servir bien frais.

PRINTEMPS

Préparation : 20 minutes
Pas de cuisson

Pour 6 personnes :
- 1 litre familial de glace vanille – fraise
- 1 paquet de gaufrettes fourrées à la vanille
- 1 paquet de gaufrettes fourrées à la fraise
- sucre glace

Sandwiches vanille-fraise

Couper la brique de glace en tranches d'1 centimètre d'épaisseur et de la taille des gaufrettes.

Déposer sur chaque gaufrette fourrée à la vanille une tranche de glace puis recouvrir d'une gaufrette fourrée à la fraise.

Garder au congélateur.

Recommencer l'opération autant de fois qu'il est nécessaire.

Au dernier moment, saupoudrer les sandwiches de sucre glace.

Servir tel quel ou avec une crème anglaise.

PRINTEMPS

Préparation : 20 minutes
Cuisson : 20 minutes

Pour 6 personnes :
- 1/2 litre de glace à la fraise
- quelques fraises

Pâte sablée :
- 250 g de farine
- 150 g de beurre
- 10 g de sucre en poudre
- 5 g de sel
- 1 jaune d'oeuf

Etoile des sables à la fraise

Dans une jatte mettre la farine, former une fontaine, y déposer le sucre, le sel, le beurre ramolli et le jaune d'oeuf.

Mélanger le tout petit à petit jusqu'à ce que la pâte soit élastique. Etaler la pâte sur 1/2 centimètre d'épaisseur et à l'aide d'un emporte pièce en forme d'étoile de 12 centimètres environ, découper six étoiles et les déposer sur la plaque du four.

Enfourner pour 20 minutes, Th 5/150°

Sortir du four puis laisser refroidir.

Au moment de servir, déposer une grosse boule de glace à la fraise sur chaque étoile, décorer de fraises.

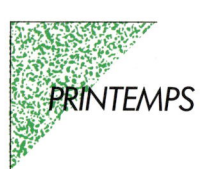
PRINTEMPS

Gâteau roulé aux fraises

Préparation : 30 minutes
Cuisson : 16 minutes

Pour 6 personnes :
- 1 litre de glace à la fraise
- quelques fraises
- sucre glace

Biscuit :
- 3 œufs
- 100 g de sucre
- 100 g de farine
- 1 citron

Préparer le biscuit : séparer les blancs des jaunes Travailler les jaunes avec le sucre. Ajouter peu à peu la farine, puis une cuillérée à soupe de jus de citron, bien mélanger.

Monter les blancs en neige. Les incorporer à la préparation en soulevant la masse.

Verser la pâte dans un moule à manqué beurré et sucré.

Faire cuire à four moyen Th. 5/150° pendant 15 minutes.

Démouler le biscuit sur un torchon humide, le rouler et mettre au froid.

Dès que le biscuit est bien froid, le dérouler, le recouvrir de glace à la fraise, rouler à nouveau et remettre au congélateur 15 minutes

Au moment de servir, déposer le gâteau roulé sur le plat de service.

Saupoudrer de sucre glace et décorer avec les fraises.

Servir aussitôt.

PRINTEMPS

Kiwis à la purée de fraises

Préparation : 20 minutes
Pas de cuisson

Pour 4 personnes :
- 1/2 litre de glace à la fraise
- 500 g de fraises
- 80 g de sucre
- 1 orange
- 4 kiwis

Laver et équeuter les fraises.
Presser le jus d'orange.

Dans le bol d'un mixer mettre les fraises, le sucre et le jus d'orange.

Mixer le tout pour obtenir une purée de fraises.

Peler les kiwis et les couper en tranches fines.

Dans les assiettes de service, verser la purée de fraises, ajouter les boules de glace à la fraise et les tranches de kiwis.

Servir aussitôt.

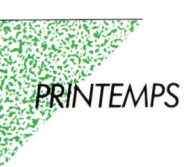

Kiwis tièdes aux fruits de la passion

Préparation : 20 minutes
Cuisson : 15 minutes

Pour 4 personnes :
- 1/2 litre de sorbet fruits de la passion
- 4 kiwis
- 4 fruits de la passion
- sucre glace

Crème anglaise :
- 1/2 litre de lait
- 4 jaunes d'œufs
- 80 g de sucre
- 1 gousse de vanille

Préparer la crème anglaise : faire bouillir le lait avec la gousse de vanille fendue. Laisser infuser 10 minutes. Gratter l'intérieur de la gousse de vanille pour récupérer les graines aromatiques. Les ajouter au lait.

Dans une terrine, travailler les jaunes d'œufs avec le sucre pour obtenir un mélange onctueux et crémeux. Verser progressivement le lait chaud sur ce mélange.

Faire épaissir la crème sur feu doux en fouettant sans arrêt. Dès que la crème nappe la cuillère, retirer du feu.

Peler les kiwis, les couper en tranches.

A l'aide d'une cuillère à glace former les boules de sorbet fruits de la passion, les garder au congélateur.

Dans les assiettes, déposer les tranches de kiwis en formant un cercle.

Ouvrir les fruits de la passion et retirer la chair avec une petite cuillère. La réserver au frais.
Passer chaque assiette 3 minutes à four chaud, déposer les boules de sorbet sur les tranches de kiwis, ajouter la crème anglaise et la chair des fruits de la passion.
Saupoudrer de sucre glace.
Servir aussitôt.

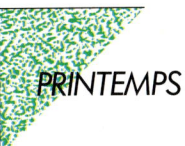
PRINTEMPS

Milk shake à la menthe

Préparation : 10 minutes
Pas de cuisson

Pour 4 personnes :
- 1/2 litre de glace à la menthe
- 1/2 litre de lait
- 1 trait de sirop de menthe
- 1 carambole (fruit brésilien en forme d'étoile) facultatif

Dans le bol d'un mixer, mettre la glace à la menthe et le lait. Mixer le tout.

Verser le liquide dans les verres, puis ajouter un peu de sirop de menthe.

Décorer le bord des verres avec une tranche de carambole.

Servir bien frais.

PRINTEMPS

Poisson glacé de Pâques

Préparation : 20 minutes
Cuisson : 15 minutes

Pour 6 personnes :
- 1 litre 1/2 de glace au chocolat
- quelques copeaux de chocolat
- 1 moule en forme de poisson

Chantilly :
- 2 dl de crème fraîche
- 60 g de sucre en poudre

Crème anglaise :
- 1/2 litre de lait
- 1 gousse de vanille
- 80 g de sucre en poudre
- 4 jaunes d'œufs

Préparer la crème anglaise : faire bouillir le lait avec la gousse de vanille fendue. Laisser infuser 10 minutes. Gratter l'intérieur de la gousse de vanille pour récupérer les graines aromatiques. Les ajouter au lait.

Dans une terrine travailler les jaunes d'œufs avec le sucre pour obtenir un mélange onctueux et crémeux. Verser progressivement le lait chaud sur ce mélange.

Faire épaissir la crème sur feu doux en fouettant sans arrêt. Dès que la crème nappe la cuillère retirer du feu.

Travailler la glace pour la rendre plus souple.

La déposer dans le moule en tassant pour qu'elle épouse bien les parois du moule.

Remettre au froid 30 minutes.

Dans une jatte bien froide, mettre la crème et le sucre et battre en Chantilly. En remplir une poche à douille cannelée.

Démouler le poisson sur un plat de service préalablement refroidi.

Décorer de Chantilly et parsemer de copeaux de chocolat.

Servir aussitôt avec la crème anglaise.

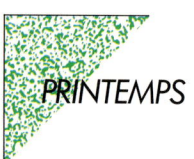
PRINTEMPS

Soupe de cerises

Préparation : 30 minutes
Cuisson : 15 minutes

Pour 4 personnes :
- 1/2 litre de sorbet cerise ou cassis
- 500 g de cerises
- 1 c. à soupe de marasquin

Crème anglaise :
- 1/2 litre de lait
- 1 gousse de vanille
- 4 jaunes d'œufs
- 20 g de sucre en poudre

Préparer la crème anglaise : faire bouillir le lait avec la gousse de vanille fendue. Laisser infuser 10 minutes. Gratter l'intérieur de la gousse de vanille pour récupérer les graines aromatiques. Les ajouter au lait.

Dans une terrine travailler les jaunes d'œufs avec le sucre pour obtenir un mélange onctueux et crémeux. Verser progressivement le lait chaud sur ce mélange.

Faire épaissir la crème sur feu doux en fouettant sans arrêt. Dès que la crème nappe la cuillère, retirer du feu.

Dénoyauter les cerises, les mettre dans une casserole à fond épais, ajouter le marasquin et laisser chauffer 3 à 4 minutes sur feu doux.

Dans les coupes, verser la crème anglaise, ajouter les cerises et leur jus, puis déposer les boules de glace.

Servir aussitôt avec quelques biscuits secs.

PRINTEMPS

Tarte tutti frutti

Préparation : 45 minutes
Cuisson : 30 minutes

Pour 6 personnes :
- 1/2 litre de sorbet fraise
- 1/2 litre de sorbet cassis.
- 1 kiwi
- 8 abricots
- 1 grappe de raisin
- 2 poires
- 300 g de fraises
- 100 g de framboises
- 100 g de groseilles
- 250 g de sucre

Pâte :
- 200 g de farine
- 100 g de beurre
- 1 pincée de sel

Crème d'amande :
- 100 g d'amandes en poudre
- 100 g de sucre
- 60 g de beurre
- 2 œufs entiers
- 20 g de farine

Préparer la pâte : dans un saladier, mettre la farine et le sel, ajouter le beurre coupé en petits morceaux, mélanger le tout du bout des doigts, puis ajouter un soupçon d'eau. Former une boule, fariner à nouveau et laisser reposer 10 minutes au frais.

Préparer la pâte d'amandes : dans un saladier, mettre le sucre, la poudre d'amandes et les œufs. Bien mélanger le tout, ajouter le beurre préalablement travaillé en pommade et la farine. Battre pour rendre le mélange homogène.

En garnir le fond de tarte et enfourner pour 30 minutes Th. 7/210°, laisser refroidir et réserver.

Faire un sirop avec le sucre et 1/2 litre d'eau, porter à ébullition jusqu'à ce que le sirop nappe la cuillère.

Peler les poires, les couper en quartiers très minces, les arroser de jus de citron pour éviter qu'ils noircissent.

Peler le kiwi, le couper en tranches fines. Laver et peler les grains de raisin. Laver et équeuter les fraises, couper les plus grosses en deux. Couper les abricots en deux retirer les noyaux.

Garnir le fond de tarte en disposant harmonieusement tous les fruits. Les badigeonner de sirop pour les faire briller.

A l'aide d'une cuillère à glace, former des boules de glace et de sorbet. Les garder au congélateur.

Au moment de servir, découper la tarte en parts, les déposer sur les assiettes de service et ajouter sur chaque part une boule de glace et une boule de sorbet.

PRINTEMPS

Tourte italienne

Préparation : 30 minutes
Cuissson : 40 minutes

Pour 6 personnes :
- 1 litre de glace à la fraise
- 750 g de rhubarbe
- 200 g de pâte brisée
- 100 g de sucre semoule
- 2 biscuits à la cuillère
- 30 g de beurre
- quelques fraises

Séparer la pâte en deux.
Abaisser la moitié de la pâte et en garnir un moule à tarte. Saupoudrer de 25 grammes de sucre et des biscuits broyés.

Eplucher la rhubarbe en retirant le maximum de fils, puis la couper en tronçons de 5 centimètres environ. En garnir le moule à tarte et saupoudrer avec le sucre restant. Recouvrir de l'autre abaisse de pâte, pincer les bords et faire une cheminée au centre.

Parsemer le dessus de noisettes de beurre et enfourner 35 minutes Th.7/210°.

A l'aide d'une cuillère à glace préparer les boules de glace à la fraise et les réserver au congélateur.

Laisser tiédir la tourte puis la couper en parts.

Au moment de servir, déposer sur chaque assiette une part de tourte accompagnée de boules de glace. Décorer avec les fraises fraîches. Servir aussitôt.

L'ETE, rime avec chaleur. Les uns s'offrent au soleil, les autres recherchent l'ombre.
Mais tous ont la même obsession : se rafraîchir, tremper ses lèvres dans une coupe acidulée, tonique, revigorante comme un plongeon dans l'océan...
L'été est la saison des sorbets au citron vert et abricot colorés par une pluie de noix de coco râpée, des charlottes tricolores, des soupes de fruits rouges, des papayes farcies et des pêches-abricots rôties.
On aime se désaltérer en douceur, on refait le monde dans un jardin autour d'un melon jaune rempli de sorbets framboise
et citron vert.
Et détendus, on savoure en plein air des bâtonnets acidulés, oranges et citrons givrés... Vives les tropiques !

ETE

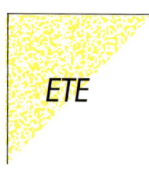

Assiette exotique

Préparation : 15 minutes
Pas de cuisson

Pour 4 personnes :
- 1 litre de sorbet mangue ou fruits de la passion
- 12 litchees frais ou au sirop
- 2 mangues
- 2 caramboles (fruits brésiliens en forme d'étoile) facultatif
- 2 citrons verts
- 20 g de sucre

Presser le jus des citrons, y ajouter le sucre et le laisser se dissoudre.

Peler les mangues, couper la chair en tranches et en dés en suivant les noyaux.

Peler les litchees.

Couper les caramboles en tranches fines pour obtenir des étoiles.

A l'aide d'une cuillère à glace former les boules de sorbet et les garder au congélateur.

Au moment de servir, déposer les fruits sur les assiettes bien froides, puis ajouter les boules de sorbet. Arroser du jus des citrons.

Servir aussitôt avec des tuiles aux amandes.

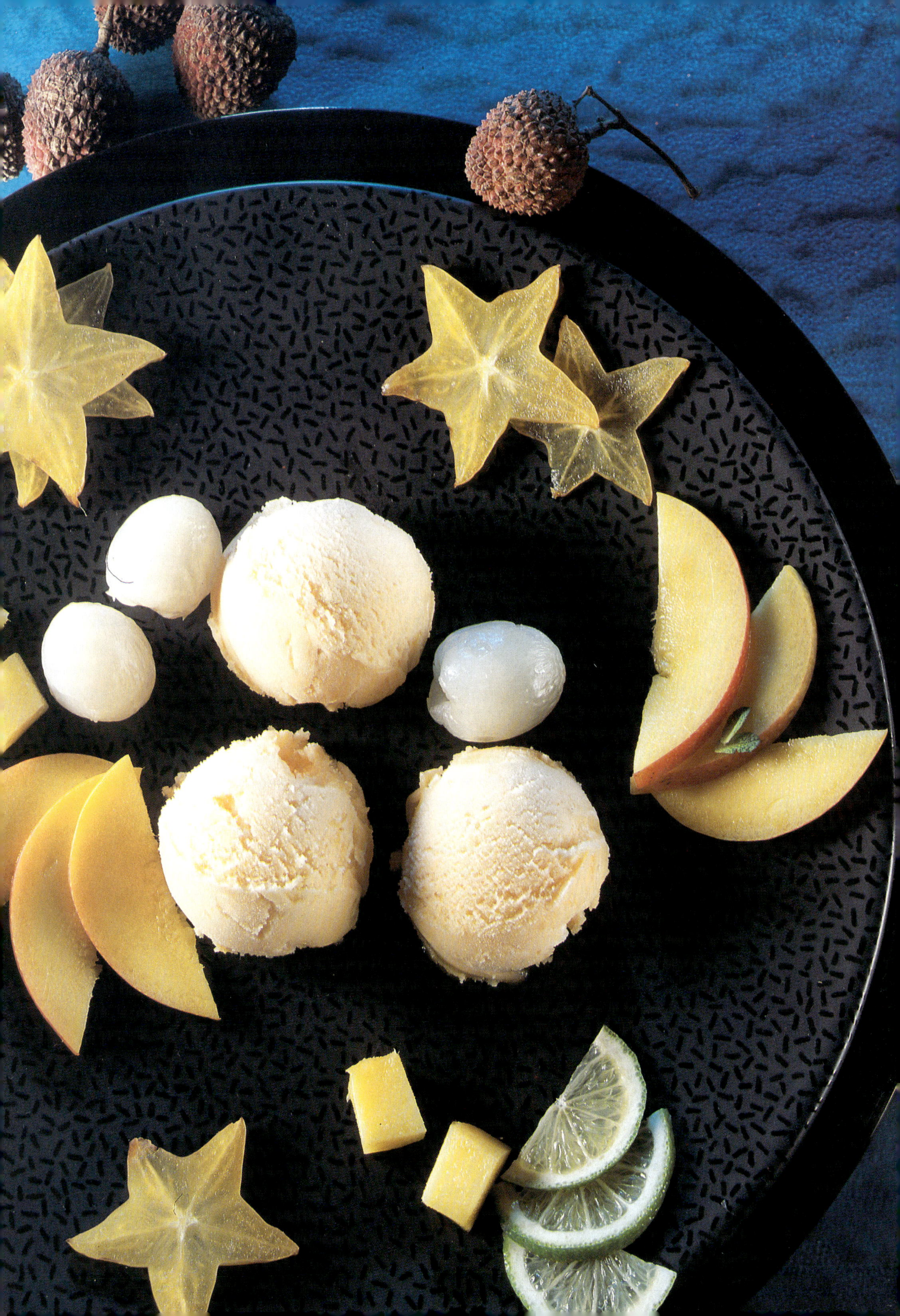

ETE

Bavarois aux macarons et aux pêches

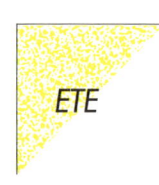

Préparation : 35 minutes
(4 heures à l'avance)
Cuisson : 20 minutes

Pour 6 personnes :
- 1 litre de sorbet pêche ou abricot
- 30 macarons environ
- 1 kg de pêches blanches
- 300 g de framboises
- 1/2 litre d'eau
- 300 g de sucre
- le jus d'1/2 citron
- 1 gousse de vanille

Crème anglaise :
- 1/2 litre de lait
- 6 jaunes d'œufs
- 125 g de sucre
- 1 gousse de vanille
- 4 feuilles de gélatine

Faire un sirop avec l'eau, le sucre, le jus de citron et la gousse de vanille.

Peler les pêches, les couper en gros dés.

Dès que le sirop nappe la cuillère y faire pocher les pêches 1 à 2 minutes. Laisser refroidir.

Faire tremper les feuilles de gélatine dans un peu d'eau froide. Faire chauffer le lait avec la gousse de vanille fendue.

Dans une jatte mettre les jaunes d'œufs et le sucre. Bien mélanger, la préparation doit devenir jaune paille et mousseuse. Ajouter alors le lait petit à petit puis les feuilles de gélatine égouttées. Verser dans une casserole à fond épais et faire cuire a feu doux. La crème est cuite lorsque la mousse qui se trouve en surface disparaît. Verser immédiatemment dans une jatte et laisser refroidir à température ambiante.

Dans un moule à charlotte mettre une couche de macarons, puis une couche de pêches et une couche de framboises. Verser un peu de crème anglaise, et recommencer l'opération, terminer par les macarons. Poser une assiette sur le dessus et mettre au froid au moins 4 heures.

A l'aide d'une cuillère à glace former les boules de sorbet, garder au congélateur.

Au moment de servir, démouler le bavarois, le couper en parts. Déposer une part dans chaque assiette, ajouter un peu de framboises et les boules de sorbet. Décorer suivant votre goût de feuilles de menthe ciselées ou de zestes d'orange. Servir aussitôt.

ETE

Brioches tièdes aux framboises

Préparation : 30 minutes
(5 heures à l'avance)
Cuisson : 40 minutes

Pour 4 personnes :
- 1/2 litre de sorbet framboise
- 300 g de framboises
- 2 kiwis

Crème anglaise :
- 1/2 litre de lait
- 6 jaunes d'œufs
- 80 g de sucre
- 1 gousse de vanille

Pâte à brioche :
- 140 g de farine
- 90 g de beurre + 20 g pour les moules à brioches.
- 5 g de sel fin
- 20 g de sucre en poudre
- 2 c à soupe de lait tiède
- 2 œufs + 1 jaune
- 4 moules à brioches

Préparer la crème anglaise : faire bouillir le lait avec la gousse de vanille fendue. Laisser infuser 10 minutes. Gratter l'intérieur de la gousse de vanille pour récupérer les graines aromatiques. Les ajouter au lait.

Dans une terrine travailler les jaunes d'œufs avec le sucre pour obtenir un mélange onctueux et crémeux. Verser progressivement le lait chaud sur ce mélange.

Faire épaissir la crème sur feu doux en fouettant sans arrêt. Dès que la crème nappe la cuillère retirer du feu.

Plonger une terrine dans de l'eau chaude pour la tiédir, l'essuyer puis y mettre la farine tamisée. Délayer la levure dans le lait. Amalgamer du bout des doigts un peu de farine de la terrine avec ce levain. Former une petite boule molle. Réduire le beurre en crème en le malaxant sans le faire fondre.

Faire une fontaine dans la farine, y ajouter le beurre, la boule de levain, les œufs, le sel et le sucre. Bien mélanger le tout en incorporant progressivement la farine. Former une boule.

Couvrir la terrine, la mettre dans un endroit tiède (environ 20°) et laisser lever pendant 3 heures. La pâte doit doubler de volume.

Au bout de ce temps, tapoter la pâte pour qu'elle s'affaisse, remettre à lever 1 heure. Beurrer et fariner les moules.

Rompre la pâte à nouveau, lorsqu'elle est affaissée, la mettre en masse dans les moules. La laisser encore lever environ 40 minutes.

Dorer la surface au jaune d'œuf battu et enfourner 30 minutes Th. 6/180°. N'ouvrir la porte du four que 10 minutes avant la fin de la cuisson pour vérifier. Réduire le four Th. 5/150° et terminer la cuisson.

Laisser refroidir sur une grille.

A l'aide d'une cuillère à glace former les boules de sorbet framboise et les garder au congélateur.

Peler les kiwis et les couper en tranches fines.

Au moment de servir, retirer le chapeau des brioches, les creuser et y déposer une boule de sorbet.

Dresser sur des assiettes avec les tranches de kiwis et les framboises fraîches.

- Bien entendu, pour gagner du temps on peut utiliser des brioches du commerce.

ETE

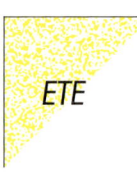

Charlotte tricolore

Préparation : 30 minutes
Cuisson : 15 minutes

Pour 4 à 8 personnes :
- 1/2 litre de glace au chocolat
- 1/2 litre de glace à la pistache
- 1/2 litre de glace à la fraise
- 20 biscuits à la cuillère
- 100 g de sucre
- le jus d'un citron
- quelques fraises

Crème anglaise :
- 1/2 litre de lait
- 4 jaunes d'œufs
- 80 g de sucre
- 1 gousse de vanille

Préparer la crème anglaise : faire bouillir le lait avec la gousse de vanille fendue. Laisser infuser 10 minutes. Gratter l'intérieur de la gousse de vanille pour récupérer les graines aromatiques. Les ajouter au lait.

Dans une terrine, travailler les jaunes d'œufs avec le sucre pour obtenir un mélange onctueux et crémeux. Verser progressivement le lait chaud sur ce mélange.

Faire épaissir la crème sur feu doux en fouettant sans arrêt. Dès que la crème nappe la cuillère, retirer du feu. Faire un sirop avec le sucre, 1 dl d'eau et le jus de citron. Porter à ébullition jusqu'à ce que le liquide nappe bien la cuillère laisser refroidir.

Y plonger rapidement les biscuits à la cuillère et garnir le tour d'un moule à charlotte.

Travailler chaque parfum de glace pour qu'il soit plus souple. En garnir le moule par couches successives (fraise, chocolat, puis pistache) lisser la surface et recouvrir de biscuits.

Remettre au froid (congélateur ou freezer) 15 minutes.

Au moment de servir démouler la charlotte, décorer le dessus avec des fraises.

Servir aussitôt avec la crème anglaise.

Cocktail Nina

ETE

Préparation : 10 minutes
Pas de cuisson

Pour 4 personnes :
- 1/2 litre de sorbet poire
- 1/2 litre de nectar de pêches
- 1 dl de jus d'orange
- 1 dl de nectar de fruits de la passion
- 1 bouteille de San Pellégrino

Dans le bol d'un mixer, mettre le sorbet à la poire, mixer jusqu'à ce qu'il devienne liquide.

Le verser dans une carafe et ajouter le nectar de pêche, le nectar de fruits de la passion, le jus d'orange. Bien mélanger.

Verser dans de grands verres frais, puis ajouter 1/4 du San Pellégrino dans chaque verre. Servir aussitôt avec des pailles.

Cocktail royal

ETE

Préparation : 10 minutes
Pas de cuisson

Pour 4 personnes :
- 1/2 litre de sorbet fraise ou framboise
- 1/2 bouteille de champagne brut
- 4 c à café de liqueur de fraises des bois ou framboises

A l'aide d'une cuillère à glace, former les boules de sorbet et les garder au congélateur.

Mettre les coupes à champagne au frais.

Au moment de servir, sortir les coupes du freezer, y déposer les boules de sorbet. Ajouter la liqueur puis verser doucement le champagne.

Servir aussitôt.

. on peut également ajouter quelques fraises des bois ou framboises fraîches.

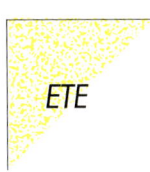

Coup de soleil

ETE

Préparation : 20 minutes
Pas de cuisson

Pour 4 personnes :
- 1/2 litre de sorbet citron vert
- 1/2 litre de sorbet noix de coco
- 2 c à soupe de noix de coco rapée
- 2 citrons verts
- 1 dl de lait de coco

Presser un citron vert.
Ajouter ce jus au lait de coco, goûter et ajouter du sucre si nécessaire.

Couper à vif l'autre citron puis dégager les quartiers à l'aide d'un petit couteau.

Dans des coupes bien froides verser le lait de coco, déposer les boules de sorbet noix de coco et citron vert, ajouter les quartiers de citron, saupoudrer de noix de coco rapée.

Servir aussitôt.

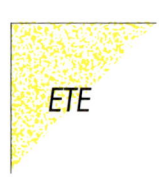

Compote de cerises

ETE

Préparation : 20 minutes
Cuisson : 20 minutes

Pour 4 personnes :
- 1 litre de glace à la vanille
- 1 kg de cerises Burlat
- 100 g de sucre
- 1 gousse de vanille
- le jus d'1 citron

Laver, équeuter et dénoyauter les cerises
Dans une casserole à fond épais mettre les cerises, le jus de citron et le sucre.

Laisser cuire à feu doux pendant 20 minutes.

Laisser refroidir.

Mettre les coupes à rafraîchir dans le freezer.

A l'aide d'une cuillère à glace former les boules de glace à la vanille et les garder au congélateur.

Au moment de servir, verser un peu de compote de cerises dans chaque coupe puis ajouter les boules de glace à la vanille.

Servir aussitôt.

Crème aux abricots

ETE

Préparation : 30 minutes
Pas de cuisson

Pour 6 personnes :
- 1 litre de sorbet abricot ou mangue
- 4 dl de crème liquide ou fleurette
- 400 g d'abricots
- 200 g de sucre en poudre
- 3 feuilles de gélatine
- 1/2 dl de lait

Laver les abricots les sécher et retirer les noyaux. Passer la chair au tamis moyen pour obtenir une purée épaisse. Lui ajouter 160 grammes de sucre. Bien mélanger.

Casser les noyaux, retirer les amandes, les peler et les broyer au mortier pour obtenir une fine purée, ajouter le lait petit à petit.

Faire fondre sur feu doux les feuilles de gélatine dans le lait.

Incorporer le lait d'amandes à la purée d'abricots. Monter en Chantilly la crème et le sucre restant. Y incorporer la purée d'abricots. Mettre au froid.

Au moment de servir, déposer des cuillérées de crème d'abricots dans les assiettes de service, puis ajouter les boules de sorbet. Servir aussitôt, avec si on le désire, un coulis de framboises.

Déjeuner sur l'herbe

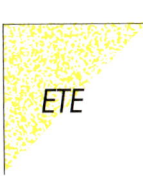

ETE

Préparation : 1 heure

Pour 10 personnes :
- 20 bâtonnets aux parfums mélangés (chocolat, menthe, citron, orange, fraise, etc.)
- 10 petits pots de glace (vanille, fraise, pistache)
- 5 oranges givrées
- 5 citrons givrés
- 400 g de pâte d'amande verte
- 2 paquets de dragées multicolores au chocolat
- quelques tuiles aux amandes

Malaxer la pâte d'amande. Former une boule, aplatir la base et piquer sur la surface des dragées multicolores au chocolat en intercalant les couleurs. Mettre au froid.

Au moment de servir, déposer sur les plats de service les oranges givrées et les citrons givrés.

Sortir la pâte d'amande y piquer les bâtonnets de glace. Ajouter les petits pots à la vanille, à la pistache et à la fraise.

Servir avec des tuiles aux amandes et les compotes de fruits. (photo p. 34).

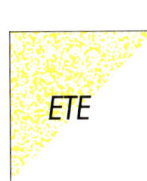

Compote d'abricots

ETE

Préparation : 20 minutes
Cuisson : 30 minutes

Pour 10 personnes :
- 2 kg d'abricots
- 200 g de sucre
- 1 gousse de vanille
- le jus de 3 citrons

Laver et essuyer les abricots, les couper en deux et retirer les noyaux. En casser 10 et en extraire les amandes, les peler.

Dans une casserole à fond épais, mettre les abricots, le sucre, la gousse de vanille fendue, les amandes et le jus de citron.

Laisser cuire sur feu doux pendant 30 minutes. Laisser refroidir et mettre au réfrigérateur.

Compote de fruits rouges

ETE

Préparation : 20 minutes
Cuisson : 20 minutes

Pour 10 personnes :
- 1 kg 500 de fraises
- 1 kg de cerises
- 1 pincée de gingembre
- 200 g de sucre
- le jus de 3 citrons

Laver et equeuter les fraises.
Laver, équeuter et dénoyauter les cerises.

Dans une casserole à fond épais, mettre les fraises, les cerises, le sucre, le jus de citron et le gingembre.

Mélanger et laisser cuire sur feu doux pendant 20 minutes. Laisser refroidir et mettre au réfrigérateur.

ETE

Flans aux pistaches et au cassis

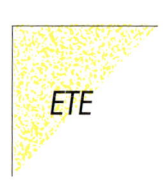

Préparation : 30 minutes
Cuisson : 30 minutes

Pour 6 personnes :
- 1/2 litre de sorbet cassis
- 50 g de groseilles
- 50 g de cassis
- 200 g de fraises
- quelques pistaches mondées

Coulis de framboises :
- 150 g de framboises
- 40 g de sucre
- le jus d'1 citron

Flans :
- 150 g de sucre
- 3/4 litre de lait
- 1 œuf + 2 jaunes
- 80 g de pâte à pistache

Dans le bol du mixer, mettre les framboises, le sucre et le jus de citron. Mixer le tout puis réserver au froid.

Faire chauffer le lait.

Dans une jatte mettre le sucre et la pâte de pistache. Bien mélanger puis ajouter les œufs. Incorporer le tout, le mélange doit être mousseux. Ajouter le lait petit à petit sans cesser de remuer. Verser dans des moules beurrés, puis faire cuire au bain marie à four chaud Th. 6/180° pendant 20 minutes

Sortir les flans du four et laisser refroidir.

Laver et équeuter les fraises. Egrapper les groseilles et les cassis.

A l'aide d'une cuillère à glace former les boules de sorbet cassis et les garder au congélateur.

Démouler les flans dans les assiettes de service.

Verser au centre un cuillérée de coulis de framboises.

Déposer une ou deux boules de sorbet au cassis, puis ajouter les fruits.

Saupoudrer de pistaches concassées.

Servir aussitôt.

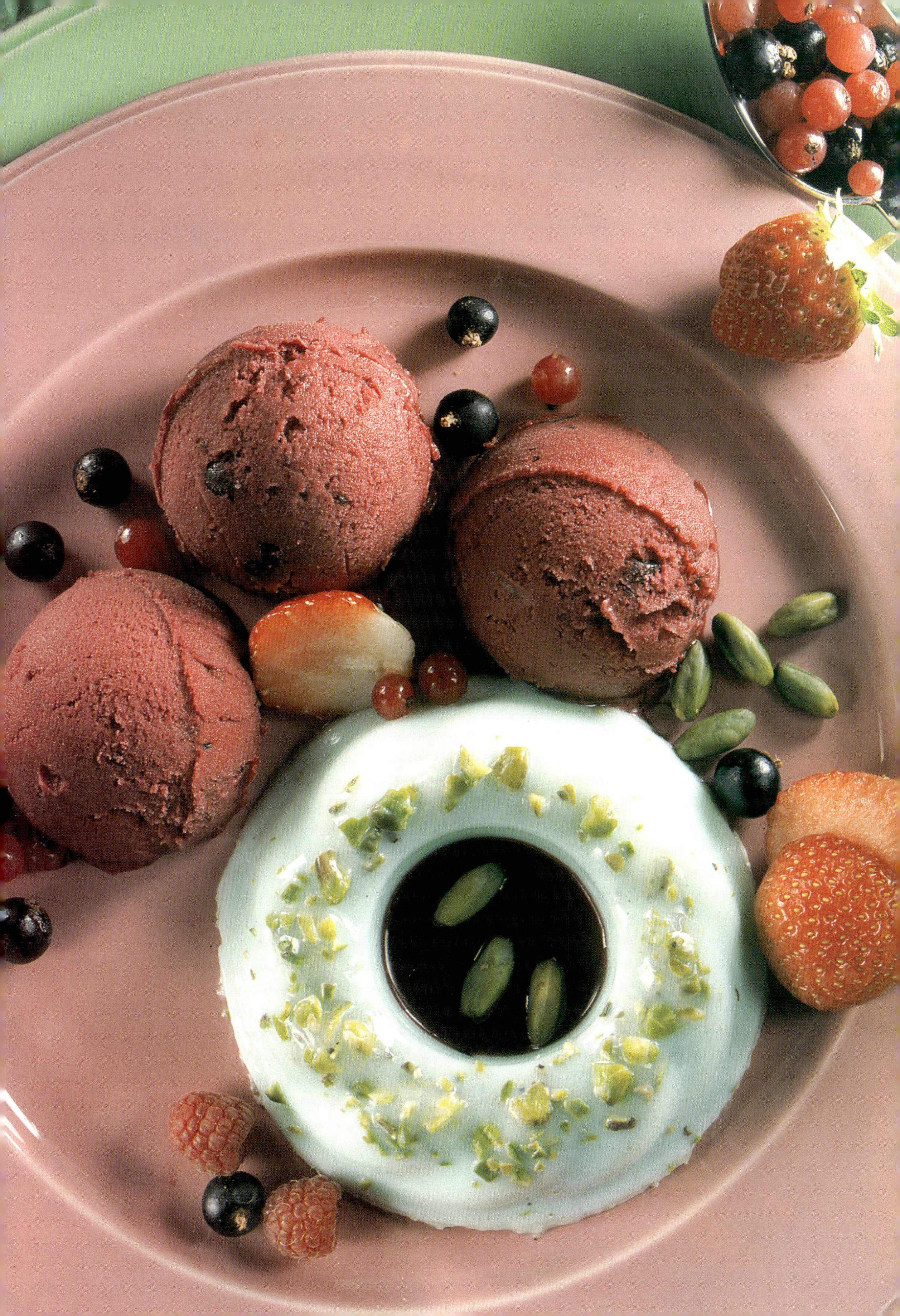

ETE

Framboises chaudes aux pistaches

Préparation : 15 minutes
Cuisson : 15 minutes

Pour 6 personnes :
- 1 litre de glace à la pistache
- 300 g de framboises
- le jus d'1 citron
- quelques pistaches mondées

Crème anglaise :
- 1/2 litre de lait
- 4 jaunes d'œufs
- 80 g de sucre
- 1 gousse de vanille

Préparer la crème anglaise : faire bouillir le lait avec la gousse de vanille fendue. Laisser infuser 10 minutes. Gratter l'intérieur de la gousse de vanille pour récupérer les graines aromatiques. Les ajouter au lait.

Dans une terrine, travailler les jaunes d'œufs avec le sucre pour obtenir un mélange onctueux et crémeux. Verser progressivement le lait chaud sur ce mélange.

Faire épaissir la crème sur feu doux en fouettant sans arrêt. Dès que la crème nappe la cuillère, retirer du feu.

Monter la glace à la pistache à l'aide de 2 cuillères à soupe. Les réserver au congélateur.

Arroser les framboises avec le jus de citron.

Mettre les framboises 5 minutes au four. Elles ont rendu un peu de jus.

Déposer sur les assiettes de service quelques framboises, les cuillérées de glace à la pistache, la crème anglaise et les pistaches concassées.

Servir aussitôt.

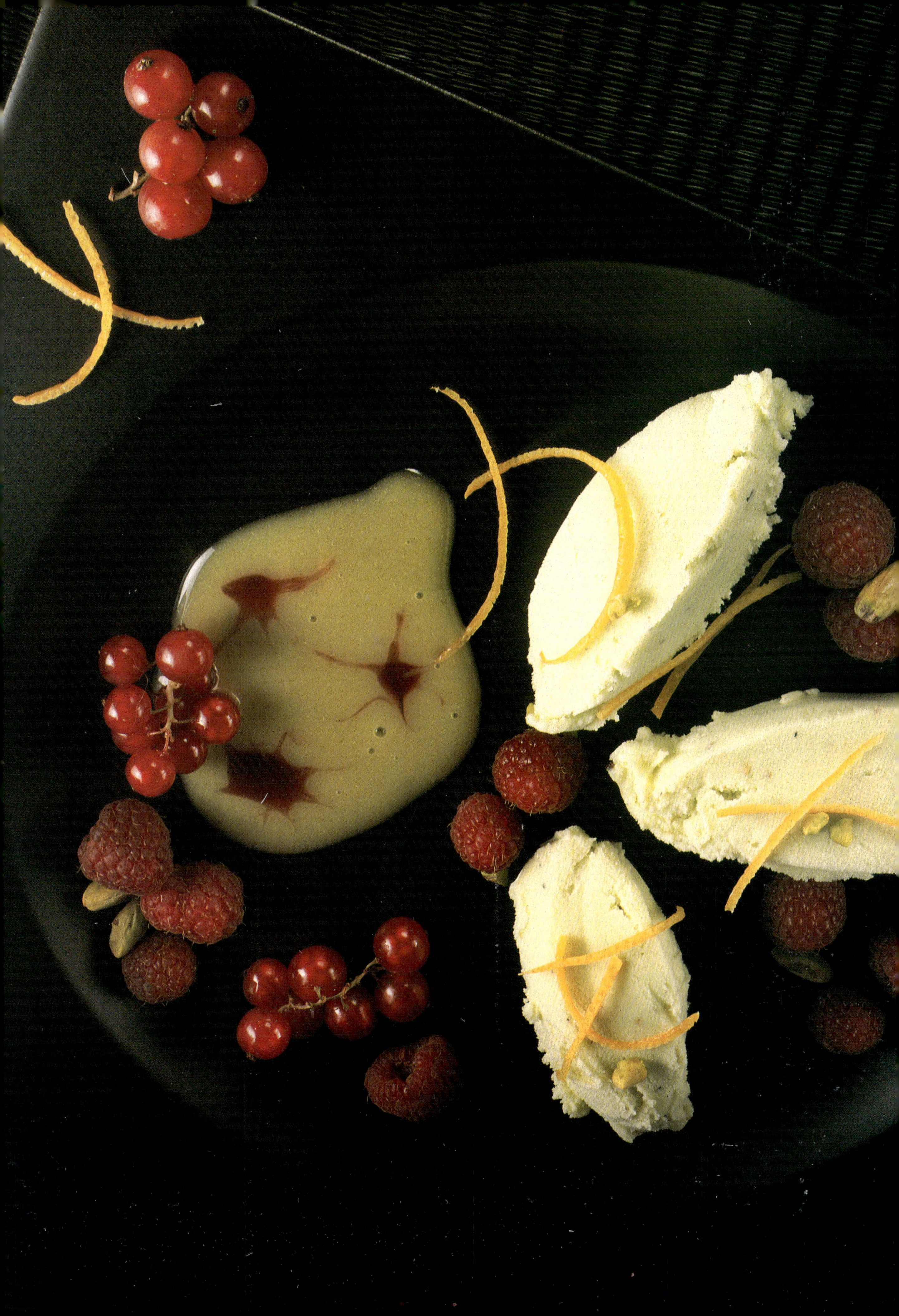

Melon fraîcheur

ETE

Préparation : 20 minutes
Pas de cuisson

Pour 4 personnes :
- 1/2 litre de sorbet framboise
- 1/2 litre de sorbet citron
- 4 petits melons ou 2 gros
- 1 c à soupe de fleur d'oranger.
- 100 g de framboises

Couper les melons en deux, retirer les graines délicatement.

A l'aide d'une cuillère à pomme parisienne retirer la chair des melons en formant de petites boules. Les mettre dans un saladier, les arroser de fleur d'oranger, mélanger le tout délicatement et laisser macérer au moins 15 minutes au frais.

Avec la même cuillère, faire de petites boules de sorbet, les déposer sur une assiette bien froide et les garder au congélateur ou au freezer pour qu'elles ne fondent pas.

Au moment de servir, déposer dans les melons les boules de melon, les framboises et les boules de sorbets.

Servir aussitôt.

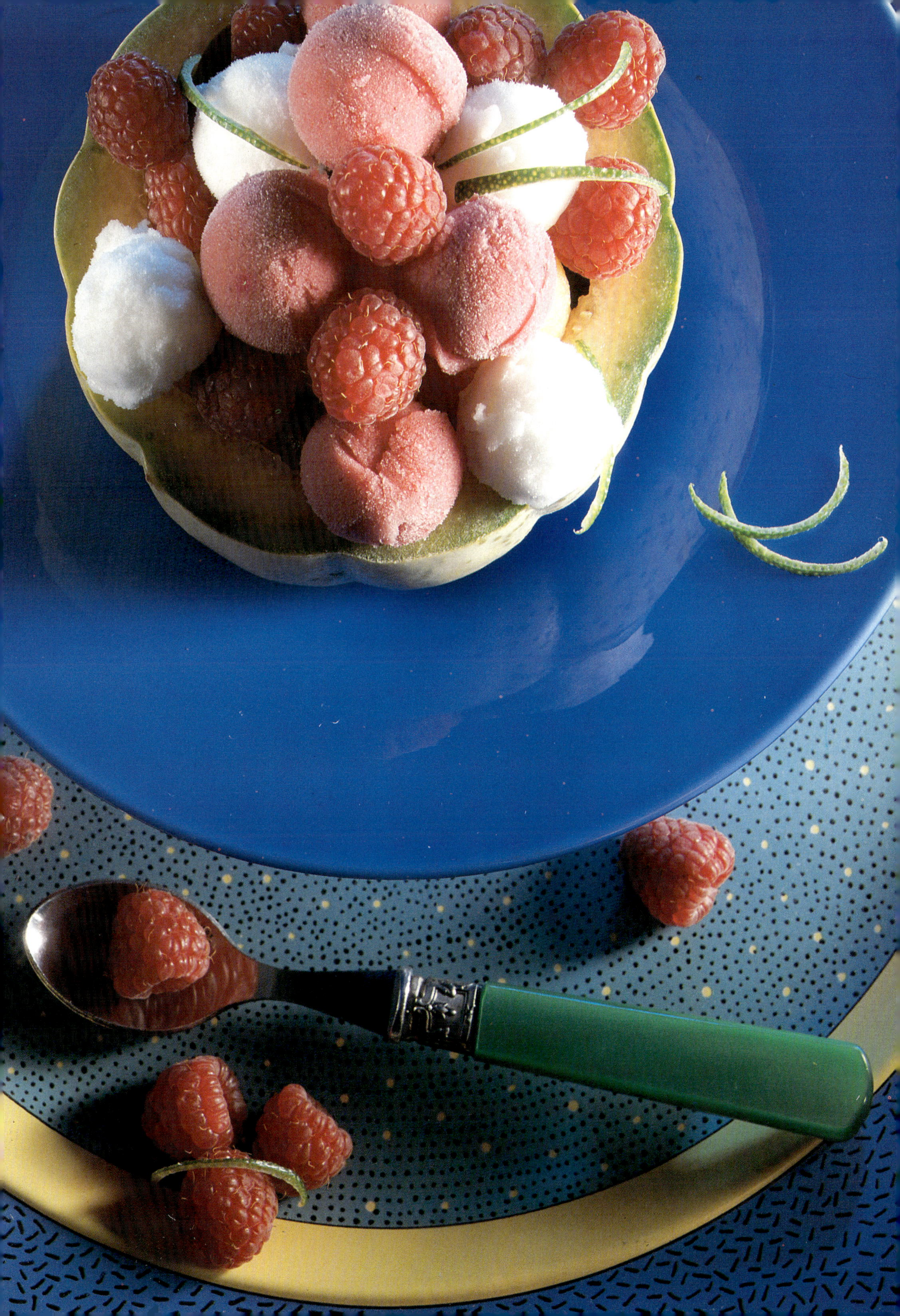

ETE

Mousse blanche aux framboises

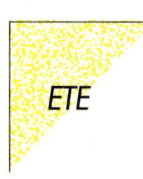

Préparation : 20 minutes
(2 heures à l'avance)
Pas de cuisson

Pour 4 personnes :
- 1/2 litre de sorbet framboise
- 3 c. à soupe de fromage blanc
- 3 blancs d'œufs
- 1 dl de crème fraîche
- 60 g de sucre en poudre
- quelques graines de grenade (facultatif)
- quelques fruits frais (fraises, cerises ou pêches)
- 4 ramequins
- 4 morceaux de gaze

Mettre au froid un saladier et les fouets du batteur électrique. Dans le saladier mettre la crème fraîche, le sucre et battre en Chantilly bien ferme. Garder au froid.

Battre les blancs d'œufs en neige très ferme.

Ajouter très délicatement au fromage blanc la Chantilly puis les blancs d'œufs. En soulevant la masse comme pour une mousse au chocolat.

Dans chaque ramequin déposer la gaze et verser la préparation.

Mettre au frais au moins 2 heures. Laver, équeuter ou émincer les fruits choisis.

Au moment de servir, retourner les ramequins sur les assiettes de service et retirer délicatement la gaze. Déposer les boules de sorbet framboise. Disposer les graines de grenade sur les mousses. Décorer les assiettes avec les fruits frais.

• Pour gagner du temps, on peut remplacer les mousses blanches par des Fontainebleau.

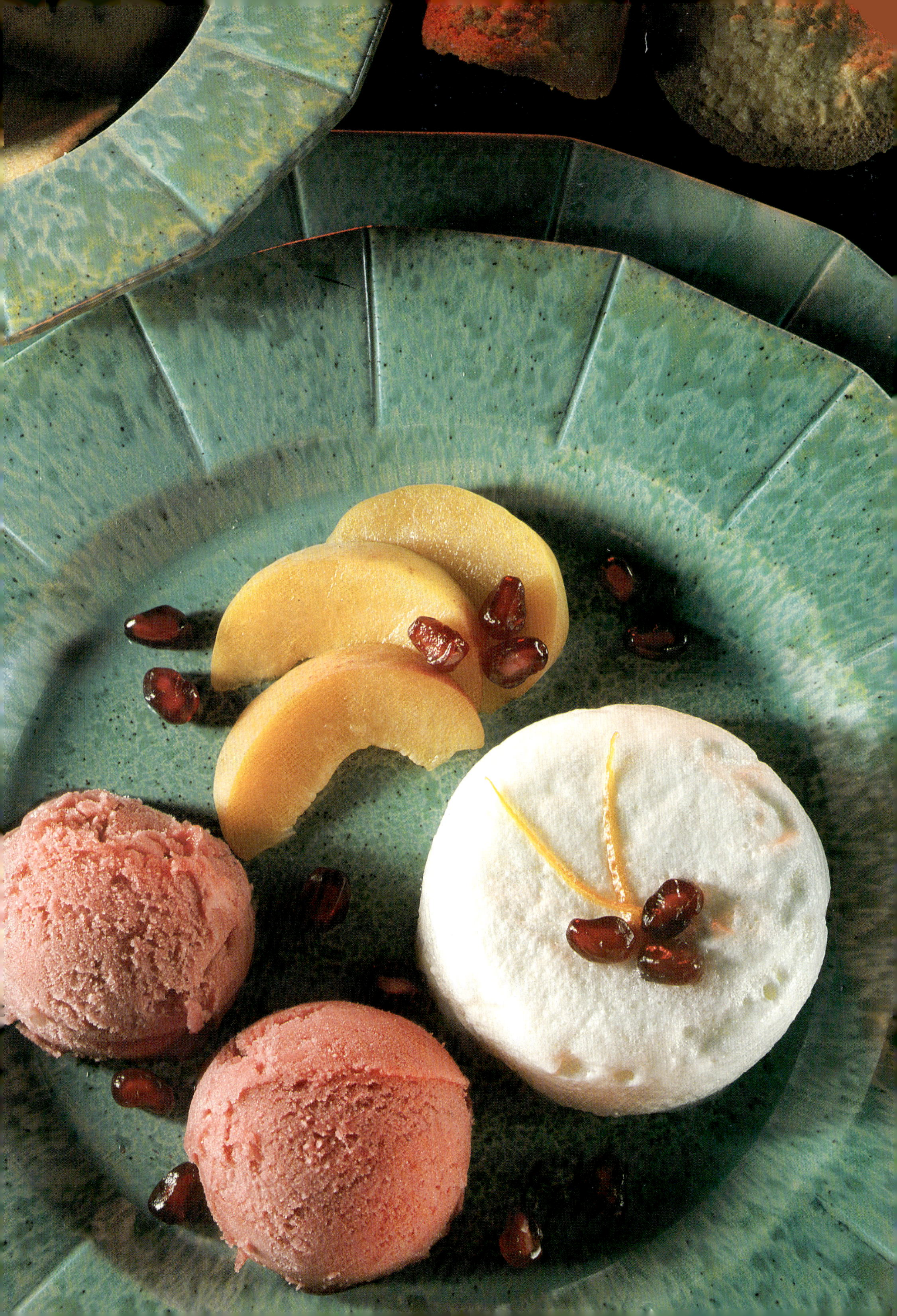

Melon vert aux couleurs d'été

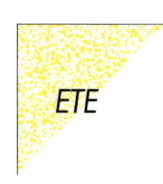

ETE

Préparation : 30 minutes
Cuisson : 5 minutes

Pour 4 personnes :
- 1/2 litre de sorbet fruits de la passion
- 1/2 litre de sorbet citron vert
- 2 melons verts
- 100 g de framboises
- 200 g de groseilles
- le jus d'1 citron
- 40 g de sucre

Réserver la moitié des groseilles. Dans une casserole à fond épais mettre le reste des groseilles égrappées, ajouter le sucre. Porter sur feu doux et faire crever les groseilles en laissant frémir.

Retirer du feu et passer au chinois pour retirer les pépins, garder le jus et la pulpe. Ajouter le jus de citron, mélanger et laisser refroidir.

Egrapper les groseilles réservées. Ouvrir les melons en deux, retirer les graines et les couper en tranches.

Dans les assiettes de service, déposer les tranches de melon, les groseilles, les framboises, puis les boules de sorbets.

Servir avec le coulis de groseilles.

Papayes farcies

ETE

Préparation : 40 minutes
Cuisson : 20 minutes

Pour 4 personnes :
- 1/2 litre de glace à la vanille
- 3 papayes
- 1 citron
- 150 g de sucre

A l'aide d'un couteau économe, retirer le zeste du citron et l'émincer finement.

Faire un sirop avec 100 grammes de sucre et 1 décilitre jusqu'à ce qu'il nappe la cuillère. Ajouter les zestes et les laisser confire à feu doux 10 minutes. Si le sirop est trop épais ajouter un peu d'eau tiède. Laisser refroidir.

Couper 2 papayes en deux dans le sens de la longueur, retirer les graines.

A l'aide d'une cuillère à pomme parisienne, retirer délicatement la chair de quatre des demi-papayes en formant de petites boules. Les réserver au frais et garder les écorces vides.

Peler et épépiner la papaye restante. En mixer la chair avec 50 grammes de sucre. Si le mélange est trop épais ajouter un peu d'eau.

Goûter et rectifier en sucre si nécessaire.

Au moment de servir, garnir les écorces de quelques boules de papayes, 2 boules de glace à la vanille et les zestes de citron confits.

Servir aussitôt, accompagné du coulis de papayes.

ETE

Petits soufflés aux fraises

Préparation : 40 minutes
Cuisson : 12 minutes

Pour 6 personnes :
- 1 litre de sorbet fraise
- 250 g de fraises
- 120 g de sucre
- le jus d'1/2 citron
- 1 c à soupe de liqueur de fraise
- 6 œufs entiers
- 6 blancs
- 10 g de beurre
- 1 pincée de sel

Laver et équeuter les fraises, les mixer puis les passer au tamis pour récupérer la pulpe.

Ajouter 80 g de sucre et sécher cette purée sur feu doux. Ajouter la liqueur. Hors du feu, incorporer les 6 jaunes d'œufs, réserver les blancs.

Monter les 12 blancs en neige très ferme, avec 40 g de sucre et une pincée de sel. Puis ajouter délicatement la purée de fraises en soulevant la masse pour ne pas la casser.

Beurrer et sucrer des petits moules à soufflé. Les remplir à ras bord, lisser la surface et dégager légèrement les bords pour aider la montée des soufflés.

Enfourner pour 12 minutes à four chaud Th. 8/240°

A l'aide d'une cuillère à glace former des boules de sorbet fraise et les garder au congélateur.

Au moment de servir, déposer les boules de sorbet dans des coupelles.

Dresser ces coupelles sur les assiettes de service, accompagnées des petits soufflés aux fraises.

Le mélange du chaud et du froid sera agréable au palais.

ETE

Pêches abricots rôties

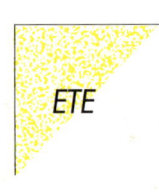

Préparation : 15 minutes
Cuisson : 20 minutes

Pour 4 personnes :
- 1/2 litre de sorbet pêche ou abricot
- 4 grosses pêche–abricots bien mûres
- 80 g de pignons
- 100 g de beurre
- 80 g de sucre
- le jus d'1/2 citron
- 150 g de compote d'abricots

Hacher finement les pignons.
Retirer, à cru, la peau des pêches. Les couper en deux et retirer les noyaux avec précaution ;

Remplacer les noyaux par le hachis de pignons, refermer les pêches.

Beurrer largement un plat allant au four, y déposer les pêches, saupoudrer de sucre, arroser avec le jus de citron et les napper très légèrement de compote d'abricots. Ajouter quelques noisettes de beurre. Sucrer légèrement. Enfourner 20 minutes Th. 6/180°.

Au moment de servir, dresser les pêches–abricots rôties sur les assiettes de service, mettre une cuillerée de compote d'abricots et y déposer les boules de sorbet.

Servir aussitôt.

ETE

Préparation : 15 minutes
Cuisson : 20 minutes

Pour 4 personnes :
- 1/2 litre de sorbet abricot ou de glace à la vanille
- 8 belles pêches blanches
- 150 g de sucre
- 20 g de gingembre frais
- le jus d'1/2 citron

Pêches pochées au gingembre

Peler les pêches.

Faire un sirop avec le sucre, 3/4 de litre d'eau et le jus de citron.

Laisser épaissir puis ajouter les pêches et le gingembre râpé.

Laisser cuire sur feu doux pendant 20 minutes.

Laisser tiédir.

Au moment de servir, dresser les pêches pochées et les boules de sorbet ou de glace dans des assiettes creuses, napper de sirop et servir aussitôt.

ETE

Préparation : 20 minutes
Pas de cuisson

Pour 4 personnes :
- 1/2 litre de sorbet melon ou abricot
- 4 pêches jaunes
- 4 pêches blanches
- 100 g de groseilles
- 1/4 de champagne brut

Soupe de pêches aux groseilles

Peler les pêches après les avoir plongées 1 minute dans de l'eau chaude si elles sont difficiles à éplucher.

Couper la chair en quartiers.

Egrapper les groseilles.

Dans des coupes mettre les quartiers de pêches, quelques groseilles, une ou deux boules de sorbet.

Verser le champagne.

Servir aussitôt.

ETE

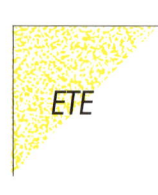

Soupe de fruits rouges

Préparation : 20 minutes
Cuisson : 10 minutes

Pour 4 personnes :
- 1/2 litre de sorbet cassis
- 250 g de fraises
- 50 g de groseilles
- 50 g de cassis
- 100 g de framboises
- 500 g de pastèque
- le jus d'1 orange
- le jus d'1 citron
- 60 g de sucre
- quelques feuilles de menthe

Egrapper les groseilles et les cassis. Mettre la moitié des groseilles dans une casserole à fond épais, avec 1/2 verre d'eau. Les faire crever sur feu doux 5 à 6 minutes, les passer au chinois pour retirer les pépins et récupérer le jus et la pulpe. Laisser refroidir.

Retirer les graines de la pastèque. A l'aide d'une cuillère à pomme parisienne, retirer la chair en formant de petites boules.

Laver et équeuter les fraises.

Dans un saladier mettre tous les fruits à l'exception des framboises, saupoudrer de sucre, ajouter les jus d'orange et de citron.

Mélanger délicatement. Mettre au frais 20 minutes. Ajouter les framboises au dernier moment.

Dans des assiettes de service ou dans des coupes verser le jus de groseilles.

Ajouter les fruits puis déposer une ou deux boules de sorbet au cassis.

Saupoudrer de menthe ciselée.

Servir aussitôt.

ETE

Soupe de melon vert à l'abricot et aux framboises

Préparation : 20 minutes
(30 minutes à l'avance)
Pas de cuisson

Pour 4 personnes :
- 1/2 litre de sorbet framboise
- 1/2 litre de sorbet abricot
- 2 melons verts
- 3 oranges
- 1 citron
- 4 abricots
- quelques framboises

Ouvrir les melons, retirer les graines.
A l'aide d'une cuillère à pomme parisienne retirer la chair d'un melon en formant de petites boules. Réserver au frais.

Mettre la chair de l'autre melon dans le bol d'un mixer.

Presser les oranges et le citron, ajouter les jus dans le bol, mixer le tout, goûter et ajouter du sucre si nécessaire.

Réserver au frais.

Ouvrir les abricots, retirer les noyaux, couper la chair en quartiers. A l'aide d'une cuillère à glace, former des boules de sorbet et les garder au congélateur.

Dans des assiettes bien froides, mettre la soupe de melon, ajouter les boules de melon, les quartiers d'abricots, les framboises puis les boules de sorbets abricot et framboise.

Servir aussitôt.

Tulipes d'abricot

ETE

Préparation : 30 minutes
(2 heures à l'avance)
Cuisson : 10 minutes

Pour 4 personnes :
- 1/2 litre de sorbet abricot ou framboise
- 4 abricots
- 2 brugnons
- 300 g de framboises
- 50 g de sucre en poudre
- le jus d'1 citron

Tulipes :
- 120 g de sucre en poudre
- 20 g de farine
- 2 blancs d'œufs et demi
- 30 g de beurre

Tulipes : faire fondre 20 grammes de beurre sans trop le chauffer.

Dans une jatte mettre le sucre et la farine, mélanger puis ajouter les blancs d'œufs et le beurre fondu tout en remuant, laisser reposer 2 heures.

Beurrer la plaque du four, déposer un peu de la préparation et l'étaler à l'aide d'une fourchette mouillée d'eau froide, pour former des cercles de 12 à 15 centimètres de diamètre. L'épaisseur doit être égale partout afin d'obtenir une cuisson uniforme.

Faire cuire à four doux Th. 6/180° pendant 10 minutes en surveillant la cuisson, les tulipes doivent être claires.

A la sortie du four, mouler les tulipes en les déposant dans des bols, cette opération doit être réalisée très vite, pendant qu'elles refroidissent. Dès qu'elles sont froides, les conserver dans une boîte en fer hermétiquement fermée.

Préparer le coulis : mixer, très peu de temps, les framboises et le sucre, puis passer cette purée au tamis pour retirer les graines.

Ajouter le jus de citron et un peu d'eau suivant l'épaisseur du coulis. Mettre au froid. Laver les abricots et les brugnons, les couper en quartiers.

Au moment de servir, déposer dans les tulipes les boules de glace et les quartiers de fruits. Napper de coulis de framboises.

Servir aussitôt.

- On peut recouvrir l'intérieur des tulipes de chocolat fondu et laisser durcir au froid.

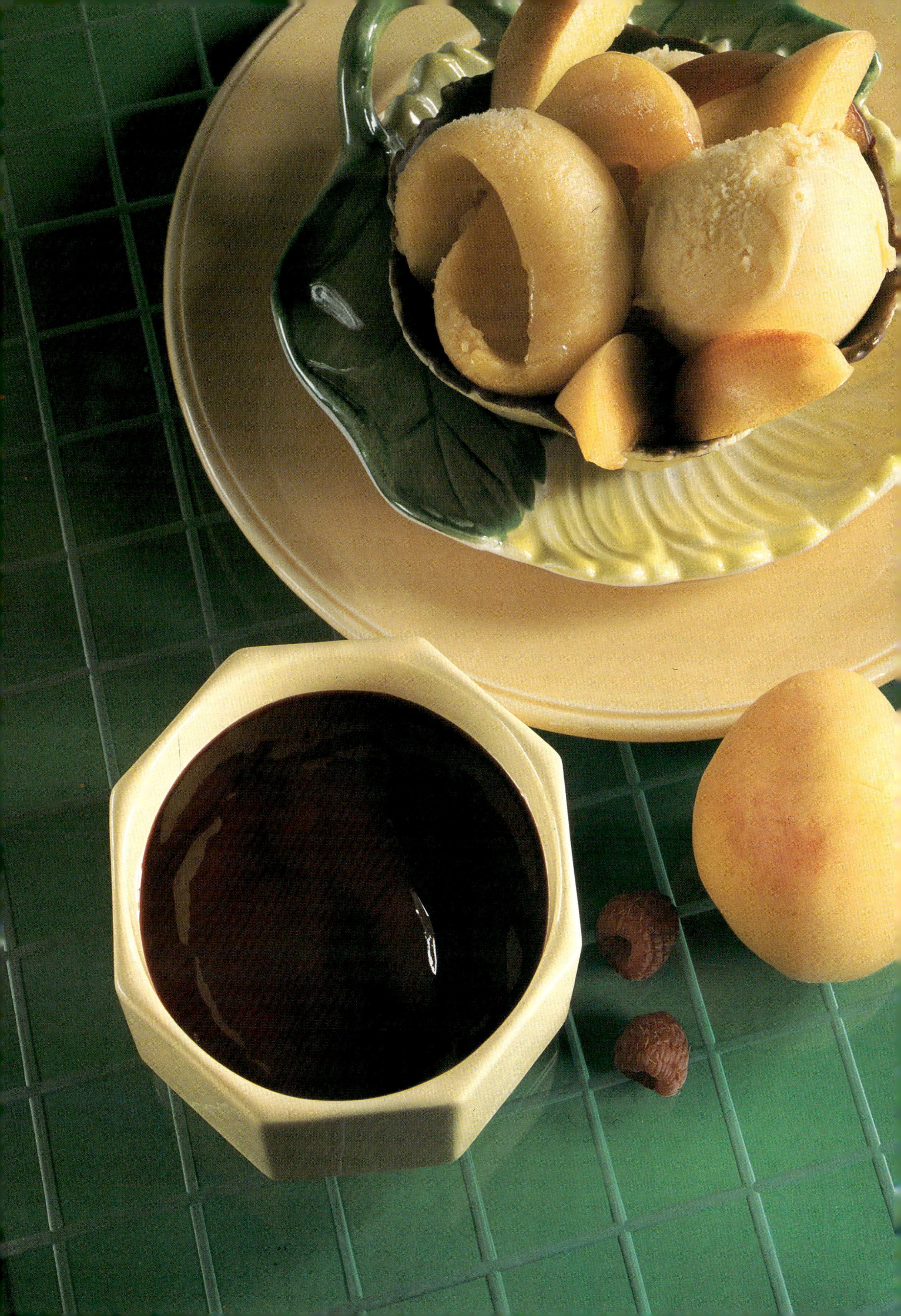

ETE

Tartelettes aux fraises et aux pistaches

Préparation : 40 minutes
Cuisson : 30 minutes

Pour 4 personnes :
- 1/2 litre de glace à la pistache
- 500 g de fraises

Crème pâtissière :
- 1/2 litre de lait
- 6 jaunes d'œufs + 2 blancs
- 70 g de sucre
- 1 gousse de vanille
- 30 g de farine

Pâte à tarte :
- 125 g de farine
- 70 g de beurre
- 1 pincée de sel

Préparer la crème pâtissière : faire chauffer le lait avec la gousse de vanille. Dans une jatte mettre les jaunes d'œufs, le sucre et la farine. Bien mélanger le tout. Ajouter le lait petit à petit. Faire cuire à feu doux sans cesser de tourner. Verser dans une jatte et laisser refroidir en tournant de temps en temps. Battre le blanc d'œuf en neige et l'incorporer à la crème.

Faire la pâte à tarte : dans une jatte mettre la farine, le sel et le beurre coupé en petits morceaux. Mélanger le tout du bout des doigts puis ajouter un peu d'eau et former une boule. Fariner le plan de travail, abaisser la pâte et en garnir 4 moules à tartelettes. Piquer la pâte, puis faire cuire à blanc avec une charge, pendant 20 minutes Th. 6/180°.

Retirer la charge, laisser refroidir, puis garnir les tartelettes avec la crème pâtissière.

Laver et équeuter les fraises, les émincer. En garnir les tartelettes.

Au moment de servir, déposer une grosse boule de glace à la pistache sur chaque tartelette. Servir aussitôt.

ETE

Terrine de melon à la passion

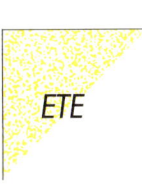

Préparation : 1 heure
(4 heures à l'avance)
Cuisson : 5 minutes

Pour 6 personnes :
- 1 litre de sorbet fruits de la passion
- 1 melon
- 400 g de fraises
- 200 g de sucre
- le jus d'1 orange
- 8 feuilles de gélatine
- 1 gousse de vanille
- 400 g de pastèque
- quelques feuilles de menthe
- 1/4 de litre de coulis de fraises.

Ouvrir le melon, retirer les graines puis dégager la chair. Faire un sirop avec le sucre et 2,5 décilitres d'eau. Ajouter le jus d'orange et la vanille. Mixer la chair du melon.

Faire tremper les feuilles de gélatine dans un peu d'eau froide, puis les faire fondre dans le sirop après avoir retiré la gousse de vanille.

Ajouter le sirop à la purée de melon, ciseler la menthe et l'ajouter également.

Laver et équeuter les fraises. Retirer les graines de la pastèque et couper la chair en petits dés.

Verser un peu de purée de melon dans une terrine, faire prendre au froid, puis déposer les morceaux de pastèque et les fraises coupées en deux.

Verser un peu de purée de melon. Remettre au froid et recommencer l'opération. Terminer par la purée de melon.

Mettre au froid au moins 4 heures.

A l'aide d'une cuillère à glace, former des boules de sorbet fruits de la passion et les garder au congélateur.

Au moment de servir, démouler la terrine après l'avoir plongée quelques secondes dans de l'eau tiède.

Couper la terrine en tranches, les déposer sur les assiettes de service.

Ajouter le sorbet fruits de la passion, décorer de quelques fraises.

Servir aussitôt avec le coulis de fraises.

ETE

Vacherin aux fruits rouges

Préparation : 20 minutes
Pas de cuisson

Pour 6 personnes :
- 1 vacherin glacé aux fruits rouges
- 200 g de fraises
- 100 g de groseilles
- 100 g de cassis
- 1 citron
- 1 orange
- 40 g de sucre
- quelques feuilles de menthe

Laver et équeuter les fraises. Egrapper les cassis et les groseilles.

Presser le jus de l'orange et du citron.

Ciseler la menthe.

Réserver quelques fruits pour la décoration du vacherin.

Dans un saladier mettre les fruits, les jus de citron et d'orange, la menthe ciselée. Mélanger délicatement et mettre au frais.

Au moment de servir, déposer le vacherin sur un plat de service, le décorer avec les fruits réservés.

Servir aussitôt avec la salade de fruits rouges.

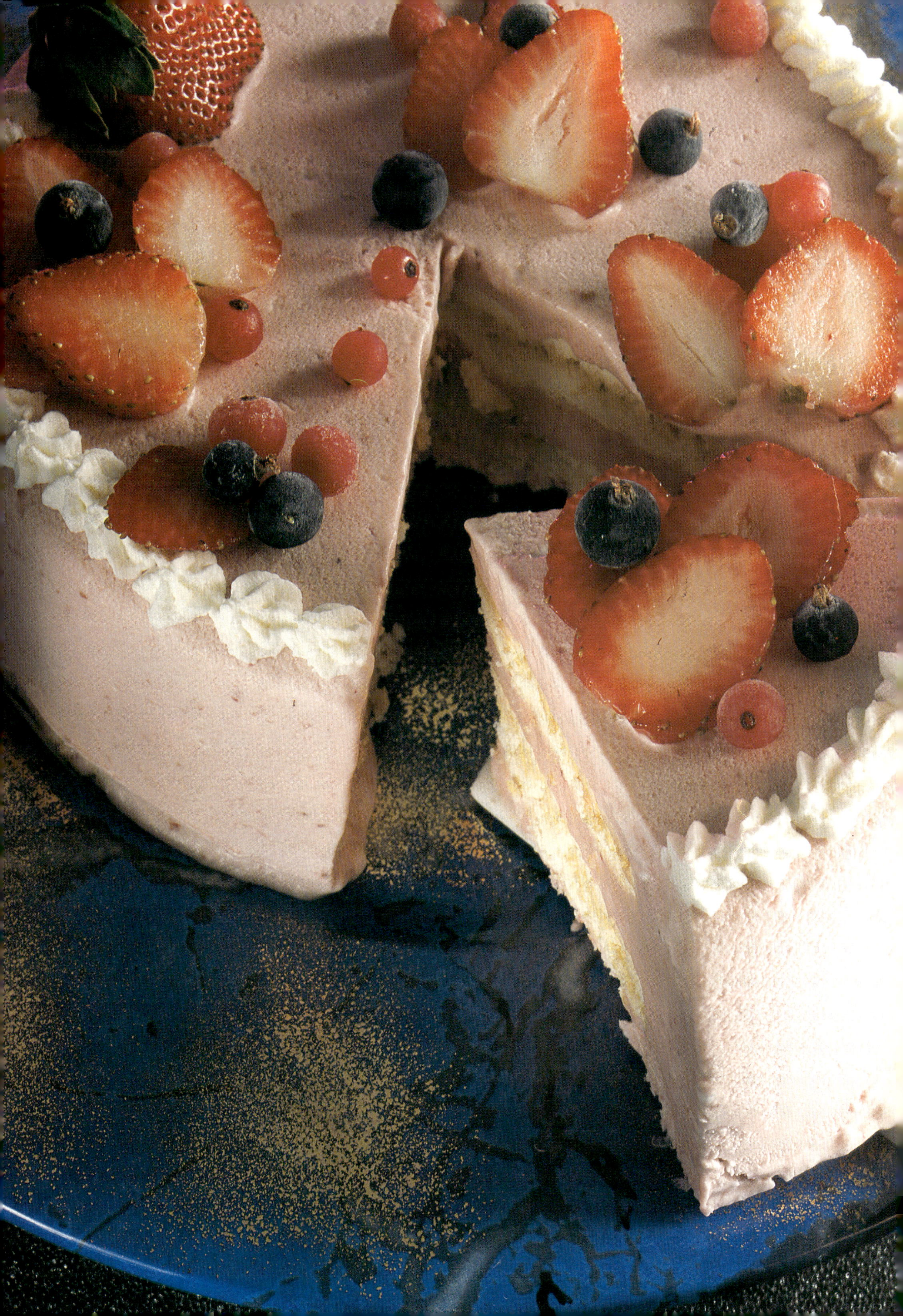

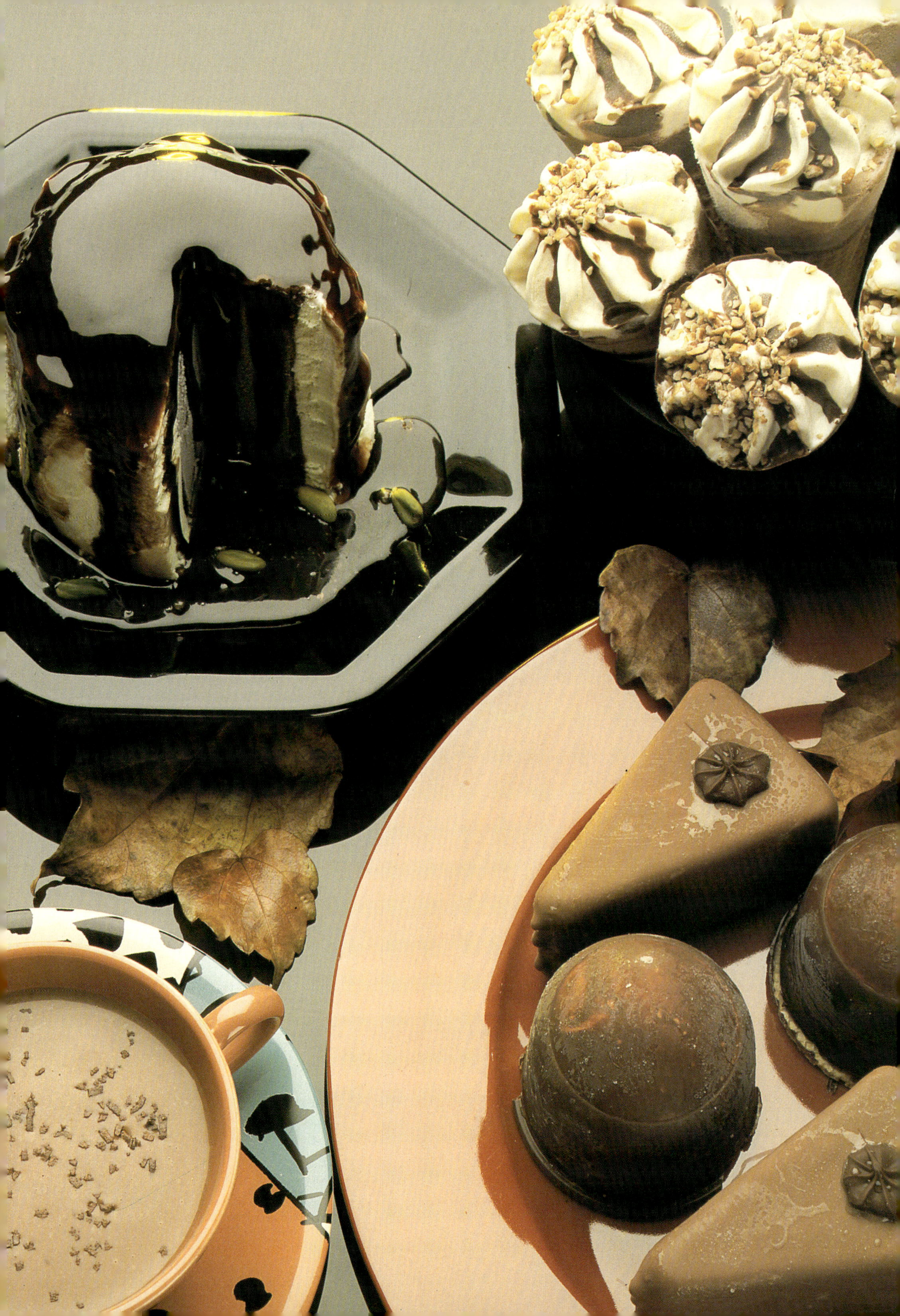

L'AUTOMNE revêt son habit doré, à la fois triste et scintillant. L'automne aime se draper dans un manteau étincelant de lumière et de mystère.
On aime jouer avec lui, traquer ses secrets voluptueux, découvrir sous une colline de quetsches tièdes, une glace vanille parsemée de cannelle, se réchauffer délicatement avec des poires pochées au vin parfumé et rehaussées d'un sorbet poire.
L'automne est la saison des délices caramélisés, des gratins de figues à la glace vanille, des fruits et des sorbets qu'on arrose d'alcool : calvados, vodka...
L'automne nous échappe vite, alors on rattrape les derniers rayons du soleil avec un flan à l'orange, accompagné d'un sorbet à l'orange et de quartiers d'agrumes... Voici venu le temps des coupes vanille-raisin aromatisées au cognac, des buffets réconfortants.
La Farandole d'Automne se pare de mille feux.
L'or noir est là qui brille dans ce fondant chocolat menthe.
Et l'été indien s'étire en beauté.
A chaque jour son voyage.
A chaque glace son évasion.
Départ : Gourmandise. Destination : Plaisir !
Et maintenant à vous de jouer... ou plutôt de goûter...

AUTOMNE

Abricots flambés

Préparation : 15 minutes
Cuisson : 10 minutes

Pour 6 personnes :
- 1 litre de sorbet poire
- 600 g d'abricots
- 1 petit verre d'alcool de poire
- 60 g de sucre
- 40 g de beurre

A l'aide d'une cuillère à glace former les boules de sorbet poire et les garder au congélateur.

Laver et essuyer les abricots. Les couper en deux et les dénoyauter.

Dans une sauteuse faire chauffer le beurre sans le laisser noircir, y faire revenir les abricots avec le sucre. Les retourner délicatement.

Faire chauffer l'alcool de poire puis faire flamber les abricots.

Dans des assiettes creuses déposer les abricots puis ajouter les boules de sorbet poire.

Servir aussitôt avec des petits biscuits secs.

AUTOMNE

Bananes en papillotes

Préparation : 20 minutes
Cuisson : 15 minutes

Pour 6 personnes :
- 1 litre de glace à la banane ou à la vanille
- 6 bananes
- 12 c. à soupe de coulis d'abricots
- 100 g de sucre glace
- 3 gousses de vanille

Découper six morceaux de papier aluminium. Peler les bananes, les couper en tronçons.

Dans chaque feuille d'aluminium déposer une banane coupée, 2 cuillèrées de coulis d'abricot, 1/2 gousse de vanille coupée dans le sens de la longueur.

Fermer hermétiquement les papillotes. Enfourner pour 15 minutes Th. 8/240°. La papillote est cuite lorsqu'elle est bien gonflée. Pendant ce temps, préparer les boules de glace et les réserver au congélateur.

Au moment de servir, ouvrir les papillotes, les déposer sur les assiettes de service, les saupoudrer de sucre glace puis ajouter les boules de glace.

Servir aussitôt.

AUTOMNE

Cake à l'orange

Préparation : 30 minutes
Cuisson : 45 minutes

Pour 6 personnes :
• 1 litre de sorbet orange ou mandarine
• 3 œufs
• 125 g de sucre en poudre
• 250 g de farine
• 175 g de beurre
• 100 g de raisins de corinthe
• 100 g de fruits confits
• 1 verre à liqueur de rhum
• 1/2 sachet de levure à pâtisserie
• 1 pincée de sel
• 10 g de beurre pour le moule

Laver les raisins. Couper les fruits confits en morceaux. Faire macérer les fruits confits et les raisins dans le rhum.

Dans une jatte, travailler à la spatule le beurre légèrement ramolli jusqu'à ce qu'il ait la consistance d'une pommade. Ajouter petit à petit le sel et le sucre. Travailler le tout vigoureusement, le mélange doit être onctueux.

Incorporer alors les œufs entiers un à un. Verser ensuite la farine d'un seul coup puis ajouter les fruits et le rhum. Terminer par la levure. Bien mélanger. Chemiser de papier sulfurisé un moule à cake, beurrer le papier. Verser la pâte dans le moule : elle le remplit aux 3/4.

Enfourner à four chaud Th. 7/210° pendant 10 minutes puis Th. 5/150° pendant 35 minutes. Démouler et laisser refroidir sur une grille. A l'aide d'une cuillère à glace former les boules de sorbet et les garder au congélateur.

Au moment de servir, couper le cake en tranches, en déposer deux sur chaque assiette de service et poser dessus les boules de sorbet. Servir aussitôt tel quel ou accompagné d'une crème anglaise parfumée à l'orange ou à la fleur d'oranger.

AUTOMNE

Coupe agennoise

Préparation : 20 minutes (à l'avance)
Macération : 1 heure
Pas de cuisson

Pour 4 personnes :
• 1/2 litre de glace aux pruneaux
• 200 g de pruneaux
• 1 petit verre d'Armagnac
• 2 oranges
• 1 clou de girofle

Dénoyauter les pruneaux délicatement.
Peler à vif les oranges, puis dégager les quartiers à l'aide d'un petit couteau bien aiguisé en gardant l'excès de jus.

Dans une jatte mettre les pruneaux, les quartiers d'orange, le jus recueilli, le clou de girofle et l'Armagnac.

Laisser macérer au frais au moins 1 heure.

A l'aide d'une cuillère à glace, former des boules et les garder au congélateur.

Dans les coupes bien froides mettre quelques pruneaux et quartiers d'orange.

Déposer des boules de glace aux pruneaux.

Arroser avec le jus de macération.

Servir aussitôt.

AUTOMNE

Coupe Bourguignonne

Préparation : 15 minutes
Cuisson : 30 minutes

Pour 4 personnes :
- 1/2 litre de sorbet poire
- 4 belles poires Williams
- 1 bouteille de Bourgogne rouge
- 120 g de sucre en poudre
- 3 clous de girofle
- 1 pincée de cannelle

Faire chauffer le vin rouge avec la cannelle, les clous de girofle, le sucre et 1/2 litre d'eau.

Peler les poires sans retirer les queues, dès que le liquide frémit y plonger les poires et laisser cuire à feu doux pendant 30 minutes.

Egoutter les poires et les laisser tiédir. Réhausser le feu et laisser réduire le liquide de cuisson.

A l'aide d'une cuillère à glace, former des boules de sorbet poire et les garder au congélateur.

Dans des coupes, déposer les poires entières ou coupées en deux (dans ce cas, retirer les cœurs).

Arroser avec le jus de cuisson réduit, déposer les boules de sorbet poire.

Servir aussitôt.

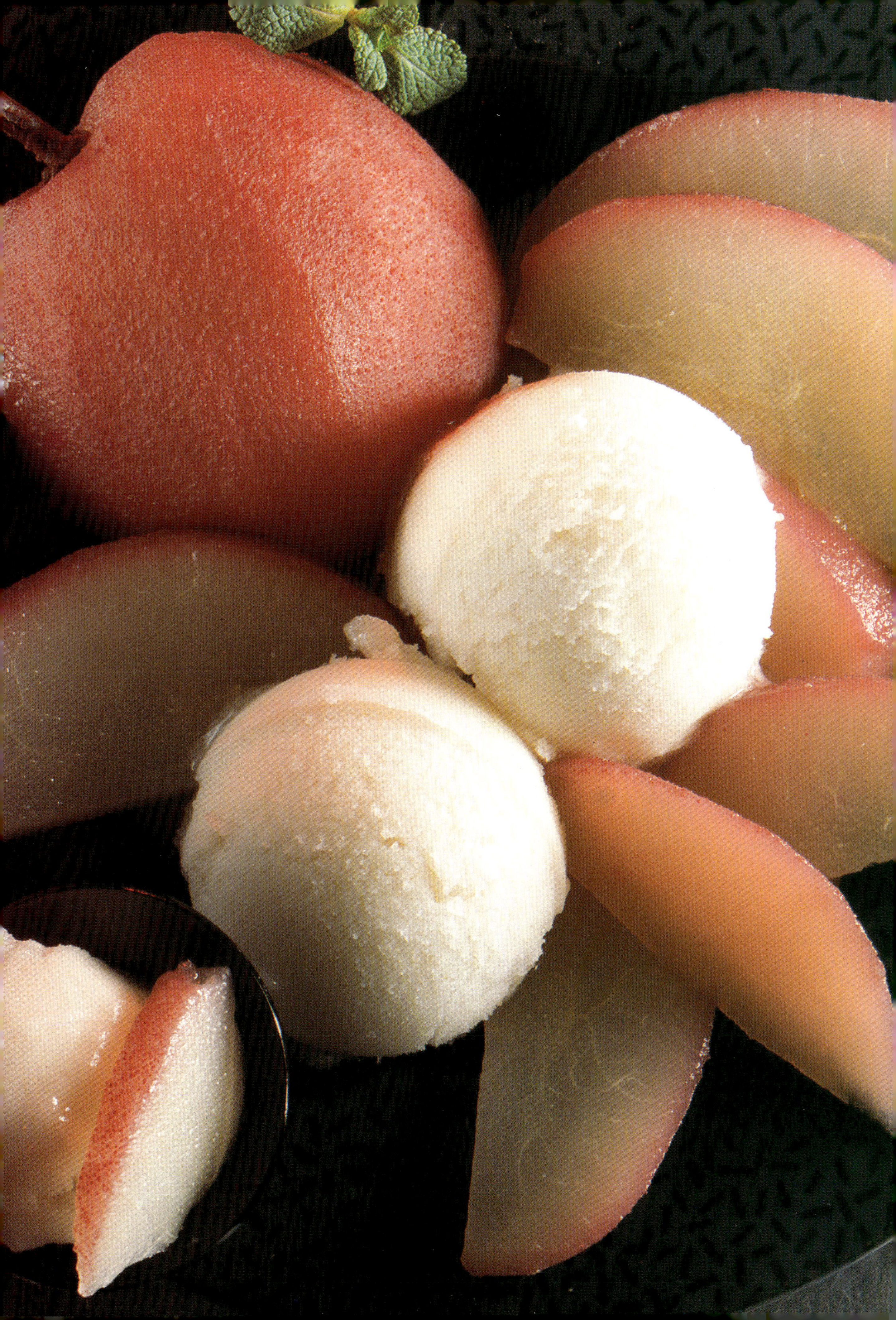

AUTOMNE

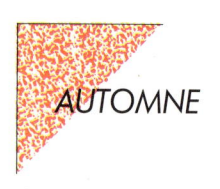

Coupe Saint-Emilion

Préparation : 15 minutes
Pas de cuisson

Pour 4 personnes :
- 1 litre de sorbet framboise
- 600 g de fraises
- 150 g de framboises
- 300 g de raisin blanc muscat
- 200 g de sucre en poudre
- 1/2 bouteille de Saint-Emilion

Laver et équeuter les fraises, les sécher avec un linge. Si elles sont trop grosses, les couper en deux. Peler les grains de raisin.

Mixer les framboises et le sucre puis passer le mélange au chinois.

Ajouter le vin à la pulpe, bien mélanger.

Dans une jatte, mettre les fraises et la purée de framboises et garder au froid au moins une heure.

A l'aide d'une cuillère à glace, former les boules de sorbet framboise et les garder au congélateur.

Au moment de servir, verser le coulis de framboises dans des coupes bien froides, puis déposer les fraises, les boules de sorbet et les grains de raisin.

Servir aussitôt.

AUTOMNE

Dés glacés aux noisettes

Préparation : 30 minutes
Pas de cuisson

Pour 6 personnes :
- 1 litre familial de glace à la vanille
- 1 litre familial de glace au praliné ou à la noisette
- 100 g de noisettes
Sauce au chocolat :
- 200 g de chocolat
- 1 dl d'eau
- 1 c. à soupe de crème fraîche

Faire fondre le chocolat au bain-marie avec 1 décilitre d'eau puis ajouter la crème fraîche.

A l'aide d'un pilon ou d'un mixer concasser les noisettes sans les réduire en poudre. Couper les glaces en cubes puis les enrober de noisettes concassées, remettre au congélateur dès que les cubes sont enrobés.

Faire chauffer la sauce au chocolat au bain-marie non bouillant.

Faire refroidir les assiettes.

Au moment de servir, déposer les dés de glace sur les assiettes refroidies, arroser de sauce au chocolat.

Servir aussitôt.

AUTOMNE

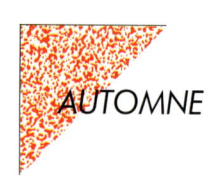

Farandole d'automne

Préparation : 30 minutes
Cuisson : 10 minutes

Pour une dizaine de personnes :
• 1 litre de glace au chocolat
• une vingtaine de spécialités individuelles au chocolat (choisir différentes sortes)
• 10 cornets au chocolat
Boisson :
• 500 g de chocolat noir
• 2 litres de lait

A l'aide d'une cuillère à glace former les boules de glace au chocolat et les garder au congélateur.

Préparer le chocolat chaud : dans une casserole faire fondre le chocolat à feu doux, puis verser petit à petit le lait préalablement chauffé. Laisser cuire à feu doux en tournant de temps en temps.

Au moment de servir, disposer les cornets au chocolat dans un bol.

Sur les plats de service déposer les différentes spécialités glacées au chocolat.

Servir dans des tasses le chocolat chaud et une boule de glace au chocolat (photo p. 64).

AUTOMNE

Figues fraîches en papillotes à la pistache

Préparation : 20 minutes
Cuisson : 15 minutes

Pour 4 personnes :
- 1 litre de glace à la pistache
- 8 belles figues
- 100 g de sucre en poudre
- le jus d'1 citron
- 80 g de beurre

Préchauffer le four Th. 7/210°.
Essuyer délicatement les figues à l'aide d'un torchon.

Les couper en deux dans le sens de la hauteur.

Découper 4 rectangles de papier aluminium. Sur chacun d'eux déposer quatre demi-figues, les saupoudrer de sucre, les arroser de jus de citron et ajouter une noisette de beurre sur chaque fruit. Refermer les papillotes hermétiquement, les déposer sur un plat allant au four et enfourner pour 15 minutes. Les papillotes sont cuites lorsqu'elles sont bien gonflées.

Pendant ce temps, à l'aide d'une cuillère à glace, préparer les boules de glace à la pistache et les garder au congélateur.

Dresser les papillotes sur les assiettes de service, les ouvrir et déposer au centre les boules de glace à la pistache

Servir aussitôt avec des petits fours secs.

• On peut également accompagner les figues en papillotes de crème fouettée.

AUTOMNE

Fondant chocolat – menthe

Préparation : 30 minutes
Cuisson : 15 minutes

Pour 10 personnes :
- 1 1/2 litre de glace à la menthe
Fondant :
- 400 g de chocolat noir
- 200 g de beurre
- 12 jaunes d'œufs
- 8 blancs
- 80 g d'amandes effilées
- 1 pincée de sel

Faire fondre le chocolat au bain-marie non bouillant puis ajouter, hors du feu, le beurre, les jaunes d'œufs un à un et les amandes.

Battre les blancs en neige ferme. Les incorporer délicatement au chocolat.

Chemiser un moule à cake de papier d'aluminium, puis verser la préparation. Mettre au froid.

Démouler, retirer le papier.

Couper le fondant en tranches, les déposer sur les assiettes de service, puis ajouter les boules de glace à la menthe.

Servir aussitôt.

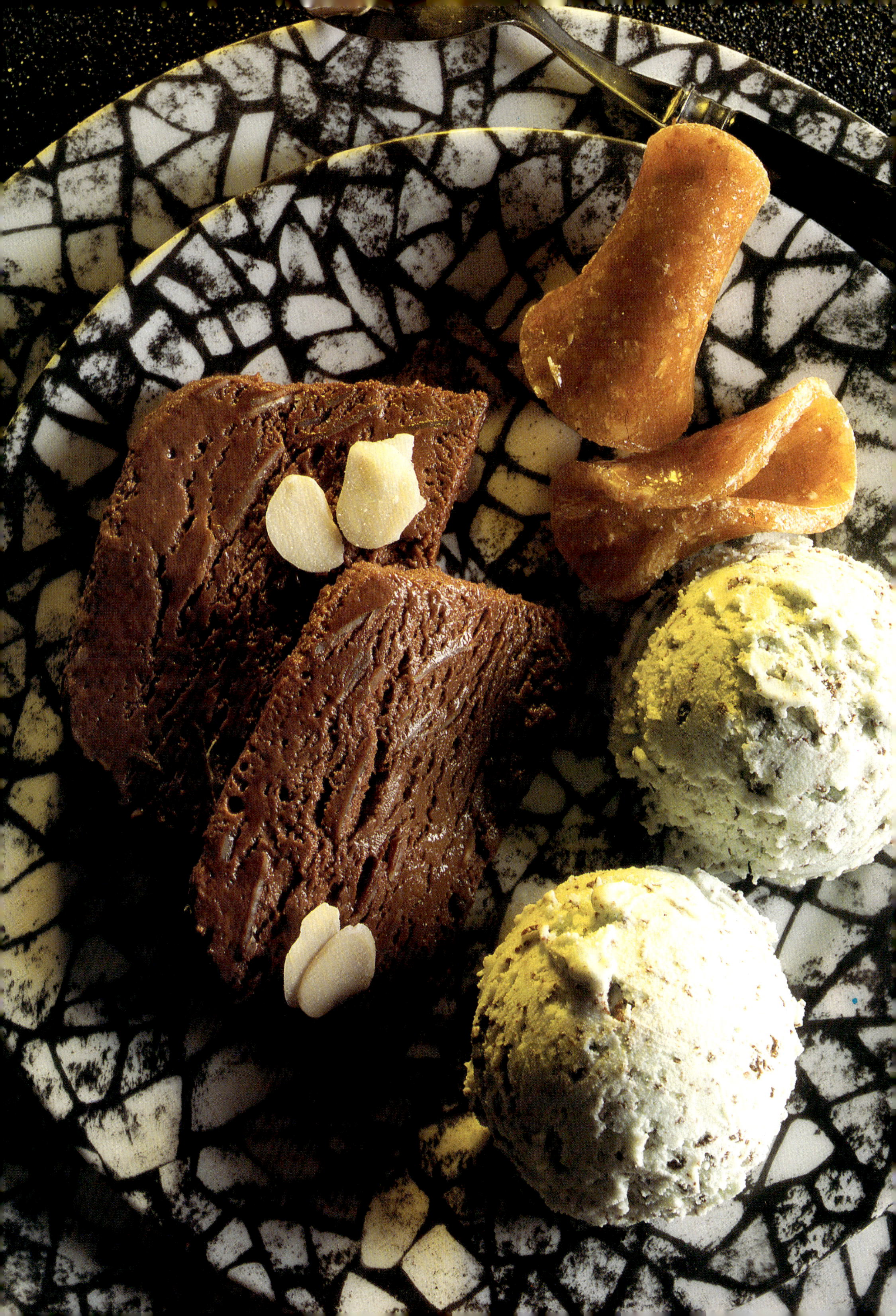

AUTOMNE

Fondant aux poires

Préparation : 30 minutes
Cuisson : 1 heure

Pour 6 personnes :
- 1 litre de sorbet poire
- 6 poires
- 4 œufs
- 125 g de beurre
- 175 g de sucre en poudre
- 250 g de farine
- 1 sachet de sucre vanillé
- 1/2 c. à café de cannelle en poudre
- 1 sachet de levure à pâtisserie

Préchauffer le four Th. 5/150°. Peler les poires, les couper en deux et retirer le cœur.

Dans une jatte mettre les œufs entiers et 125 g de sucre, mélanger.

Ajouter le beurre préalablement travaillé en pommade, puis la farine et la levure en tournant pour bien mélanger le tout. Ajouter enfin la cannelle et le sucre vanillé.

Beurrer un moule à manqué, y verser la pâte et disposer les demi-poires sur le dessus, côté arrondi vers le haut. Saupoudrer avec le reste de sucre. Enfourner et laisser cuire environ 1 heure. Sortir du four et laisser refroidir.

A l'aide d'une cuillère à glace former les boules de sorbet poire et les réserver au congélateur.

Au moment de servir, couper le gâteau en parts, les disposer sur les assiettes de service, ajouter les boules de sorbet poire. Servir aussitôt avec un peu de menthe ciselée.

AUTOMNE

Friands au miel et aux pruneaux

Préparation : 25 minutes
Cuisson : 15 minutes

Pour 6 personnes :
- 1 litre de glace aux pruneaux ou à la vanille
- 200 g de pruneaux
- 1 bâton de cannelle
- 1 c. à café de cannelle en poudre
- 125 g de pâte feuilletée
- 200 g de sucre glace
- 200 g de miel liquide
- 1 petit verre d'Armagnac

Dans un bol, mettre les pruneaux, le bâton de cannelle, un peu d'eau et l'Armagnac. Laisser macérer.

Abaisser finement la pâte (3 millimètres). A l'aide d'un emporte pièces de la dimension d'une tartelette, découper des petits ronds dans la pâte.

Les étendre pour leur donner une forme ovale, les déposer sur la plaque du four et les faire cuire pendant 15 minutes Th. 7/210°. Les laisser refroidir puis déposer un peu de miel et les assembler deux par deux.

A l'aide d'une cuillère à glace, former les boules de glace aux pruneaux et les garder au congélateur.

Au moment de servir, déposer les friands sur les assiettes de service, les saupoudrer de sucre glace, ajouter les boules de glace aux pruneaux puis les pruneaux égouttés.

Servir aussitôt.

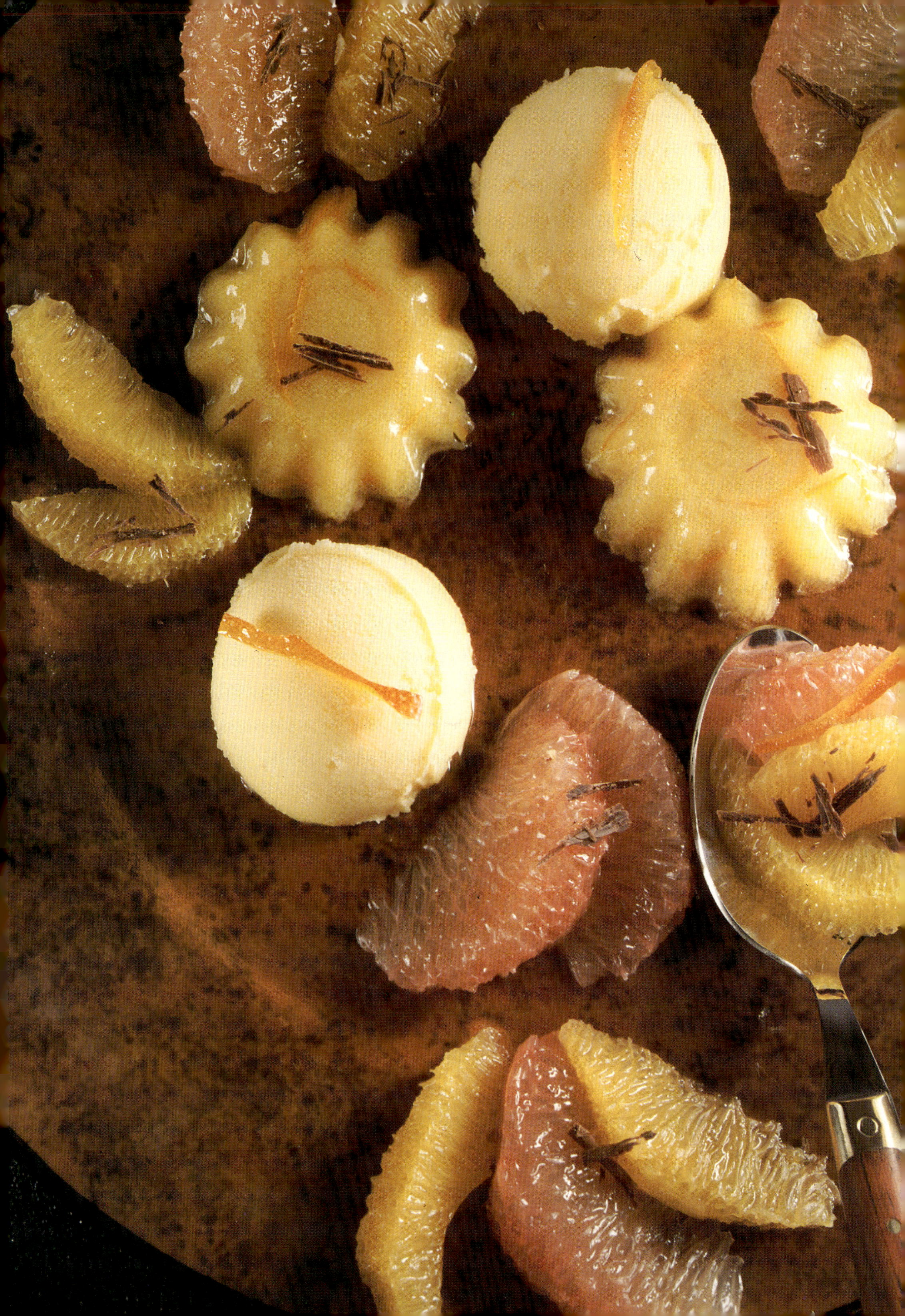

AUTOMNE

Flans à l'orange

Préparation : 30 minutes
Cuisson : 20 minutes

Pour 4 personnes :
- 1/2 litre de sorbet orange ou mandarine
- 2 pamplemousses roses
- 8 oranges
- 180 g de sucre en poudre
- 1/4 de litre de lait
- 1 œuf + 3 jaunes.
- copeaux de chocolat

A l'aide d'un couteau économe retirer le zeste d'une orange et l'émincer. Presser le jus de 6 oranges.

Faire chauffer le lait.

Dans une jatte mettre le sucre, les œufs. Bien mélanger jusqu'à ce que l'appareil soit mousseux. Ajouter le jus d'orange et les zestes. Puis verser le lait petit à petit sans cesser de remuer.

Verser la préparation dans huit petits moules cannelés puis faire cuire au bain-marie (l'eau doit frémir et non bouillir) 20 minutes à four très doux Th. 5/150°.

Sortir du four et laisser refroidir.

Peler à vif les oranges et les pamplemousses, dégager les quartiers à l'aide d'un petit couteau bien aiguisé.

Sur les assiettes déposer les flans démoulés, les quartiers de fruits, puis les boules de sorbet.

Décorer de copeaux de chocolat et de zestes d'orange.

AUTOMNE

Gâteau au café

Préparation : 40 minutes
Cuisson : 20 minutes

Pour 4 personnes :
- 1/2 litre de glace au café
- 1/2 litre de crème anglaise

Gâteau :
- 300 g de chocolat noir
- 125 g de beurre ramolli
- 4 œufs
- 1 c. à soupe rase de farine
- 1 c à soupe rase de sucre en poudre
- 1/2 c. à café d'extrait de café
- 1 pincée de sel

Dans une casserole faire fondre au bain-marie le chocolat avec l'extrait de café.

Dès que la pâte est bien lisse, retirer du feu et ajouter le beurre petit à petit en travaillant bien le mélange.

Incorporer les jaunes d'œufs un à un, réserver les blancs.

Ajouter alors la farine tamisée et le sucre en mélangeant bien.

Préchauffer le four Th. 5/150°.

Ajouter une pincée de sel aux blancs d'œufs, les battre en neige très ferme. Les ajouter délicatement à la préparation au chocolat.

Beurrer une terrine rectangulaire en porcelaine (elle permet à la chaleur de se diffuser régulièrement). Y verser la préparation jusqu'à mi-hauteur et enfourner pour 15 à 20 minutes.

Vérifier la cuisson en piquant la pointe d'un couteau, elle doit ressortir avec un peu de pâte collée à la lame. Laisser refroidir puis démouler.

A l'aide d'une cuillère à glace, former des boules de glace au café et les garder au congélateur.

Dans les assiettes de service, verser un peu de crème anglaise, déposer deux tranches de gâteaux et les boules de glace au café.

Servir aussitôt.

AUTOMNE

Gâteau aux noix, à la vanille et aux coings

Préparation : 30 minutes
Cuisson : 35 minutes

Pour 6 personnes :
- 1 litre de glace à la vanille
- 1 pot de gelée de coings
- 150 g de poudre de noix
- 100 g de cerneaux de noix
Génoise :
- 75 g de farine
- 2 sachets de levure pour pâtisserie
- 200 g de sucre
- 130 g de beurre
- 4 œufs + 1 jaune

Mettre le moule à génoise au réfrigérateur.
Malaxer 50 grammes de beurre en pommade. Badigeonner le moule avec les 3/4 de ce beurre, le fariner légèrement. Retirer l'excédent de farine. Découper un disque de papier sulfurisé de la grandeur du moule et en garnir le fond, le fariner également. Disposer les cerneaux de noix sur le papier face plate vers le haut. Remettre au froid.
Casser les œufs et séparer les blancs des jaunes. Mélanger les jaunes avec 150 g de sucre. Réserver les blancs.
Préchauffer le four Th. 5/150°. Dans un saladier mélanger la farine, la poudre de noix et la levure. Verser ce mélange sur une feuille de papier. Par ailleurs, faire fondre 80 g de beurre. Monter les blancs en neige ferme avec 50 g de sucre.
Sortir le moule du réfrigérateur.
Incorporer délicatement les blancs aux jaunes. Verser petit à petit la farine, en utilisant la feuille de papier comme cornet. Bien mélanger puis ajouter le beurre fondu. Verser aussitôt la préparation dans le moule. Enfourner pour 35 minutes. A la sortie du four, démouler le gâteau sur une grille recouverte d'un torchon. Laisser tiédir.
A l'aide d'une cuillère à glace, former les boules de glace à la vanille et les garder au congélateur.
Faire fondre la gelée de coings au bain-marie.
Couper le gâteau en parts, les déposer dans les assiettes de service, ajouter la gelée de coings tièdes et les boules de glace à la vanille.
Servir aussitôt.
- On peut remplacer la gelée de coings par de la crème anglaise.

AUTOMNE

Gâteau de semoule à la poire

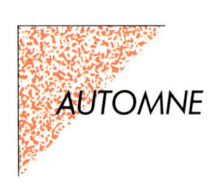

Préparation : 20 minutes
Cuisson : 30 minutes

Pour 4 personnes :
- 1 litre de sorbet poire ou pomme
- 1/2 litre de lait
- 70 g de sucre
- 1 gousse de vanille
- 125 g de semoule de blé moyenne
- 3 œufs
- 1 poire

Faire bouillir le lait avec la gousse de vanille fendue. Lorsque le lait bout, verser la semoule en pluie et laisser cuire 20 minutes sur feu doux.

Retirer du feu et laisser refroidir, retirer la gousse de vanille.

Peler la poire, la couper en petits dés.

Ajouter à la semoule refroidie les trois œufs préalablement battus puis les dés de poire. Mélanger délicatement le tout.

Beurrer un moule à savarin, y verser la préparation et enfourner pour 20 minutes Th. 6/180°. Laisser refroidir.

A l'aide d'une cuillère à glace former les boules de sorbet et les garder au congélateur.

Au moment de servir, déposer une part de gâteau de semoule sur chaque assiette, puis les boules de sorbet.

Servir aussitôt.

AUTOMNE

Gratin de poires aux macarons

Préparation : 35 minutes
Cuisson : 15 minutes

Pour 6 personnes :
- 1 litre de sorbet cassis
- 6 belles poires
- 6 gros macarons
- 300 g de sucre
- 1 noix de beurre

Crème pâtisssière :
- 1/2 litre de lait
- 4 œufs
- 60 g de farine
- 100 g de sucre en poudre

Préchauffer le four Th. 7/210°.
Peler les poires, les couper en deux et retirer le cœur.

Faire un sirop avec le sucre et 3/4 de litre d'eau, faire chauffer à feu doux. Lorsque le sirop nappe la cuillère, y faire pocher les poires 10 minutes.

Pendant ce temps préparer les boules de sorbet à l'aide d'une cuillère à glace, et les réserver au congélateur.

Préparer la crème pâtissière :

Dans une jatte mettre 1 œuf entier et 3 jaunes, ajouter le sucre et mélanger le tout. Incorporer la farine à l'aide d'une spatule en bois puis ajouter petit à petit le lait bouillant. Faire cuire sur feu doux sans cesser de tourner jusqu'à ce que la crème soit épaisse.

Beurrer un plat à four, déposer les demi-poires. Emietter grossièrement les macarons. Verser la crème sur les poires, saupoudrer de macarons émiettés et enfourner pour 10 minutes.

Au moment de servir, déposer dans les assiettes de service une part du gratin, ajouter les boules de sorbet cassis et décorer de cassis frais ou de menthe ciselée.

Gratin de figues

AUTOMNE

Préparation : 20 minutes
Cuisson : 10 minutes

Pour 6 personnes :
- 1/2 litre de glace à la vanille
- 12 figues
- 400 g de sucre
- 10 jaunes d'œufs
- 4 dl de Sauternes
- 1 pincée de cannelle

Essuyer les figues puis les couper en quartiers. A l'aide d'une cuillère à glace, former des boules de glace à la vanille et les garder au congélateur.

Faire chauffer le Sauternes.

Dans une terrine mettre les œufs, le sucre et la cannelle. Mélanger le tout pour obtenir un appareil bien blanc et mousseux.

Ajouter petit à petit le vin blanc, puis faire cuire au bain-marie sans cesser de fouetter. L'appareil doit prendre la consistance d'une crème légère.

Verser la crème dans un plat à four, déposer les quartiers de figues puis passer sous le grill du four pour faire colorer.

Laisser tiédir, saupoudrer de sucre glace.

Au moment de servir, découper le gratin en parts, les dresser dans les assiettes de service avec les boules de glace à la vanille.

Servir aussitôt.

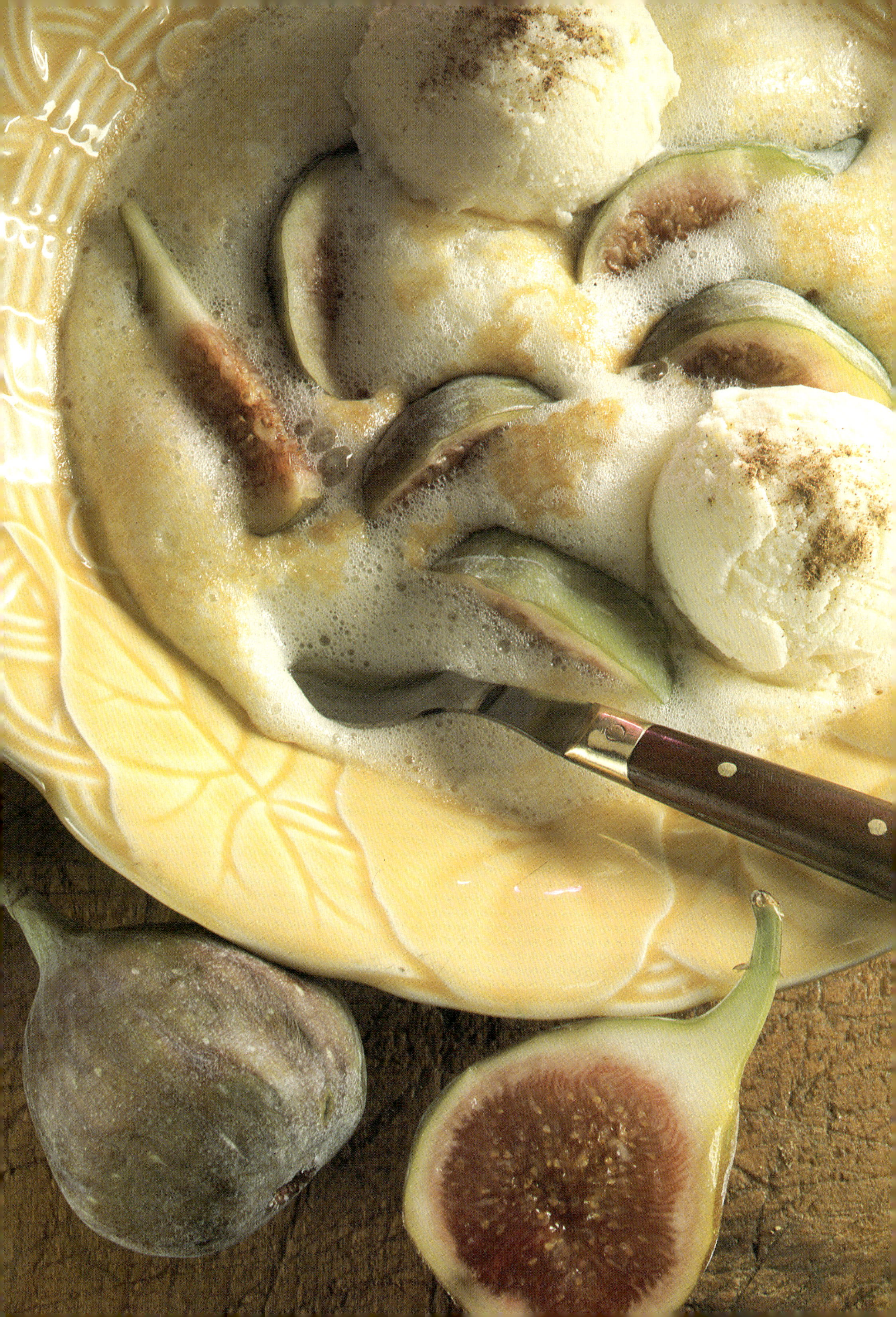

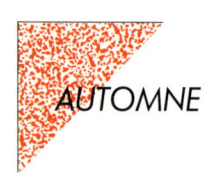

Mille et une nuits

AUTOMNE

Préparation : 40 minutes
Cuisson : 8 minutes

Pour 6 personnes :
- 1 litre familial de glace plombières
- 1 pot de confiture d'abricot

Palmiers :
- 400 g de pâte feuilletée (achetée chez votre pâtissier)
- 150 g de sucre
- 1 jaune d'œuf

Saupoudrer le plan de travail de sucre en poudre, déposer la pâte, la saupoudrer également de sucre.

Etaler la pâte en un rectangle de 40 centimètres de long sur 30 cm de large et un centimètre d'épaisseur.

Sur la largeur replier les deux bords de pâte presque jusqu'au centre. Souder les bords au jaune d'œuf battu pour obtenir une sorte de gouttière.

Replier la bande dans le sens de la longueur bord à bord. Faire adhérer les quatres couches en passant légèrement le rouleau à pâtisserie.

Mettre la pâte au réfrigérateur puis la couper en tranches d'1 centimètre d'épaisseur, les déposer sur la plaque du four. Mettre 10 minutes au froid.

Préchauffer le four Th. 6/180°.

Enfourner et laisser cuire 7 à 8 minutes.

Les palmiers se sont étalés et ouverts en éventail, les retirer immédiatement de la plaque et les laisser refroidir sur une grille.

Faire fondre la confiture d'abricot.

Sur chaque palmier, déposer une tranche de glace plombières, servir avec la confiture tiède et quelques cerises de cocktail.

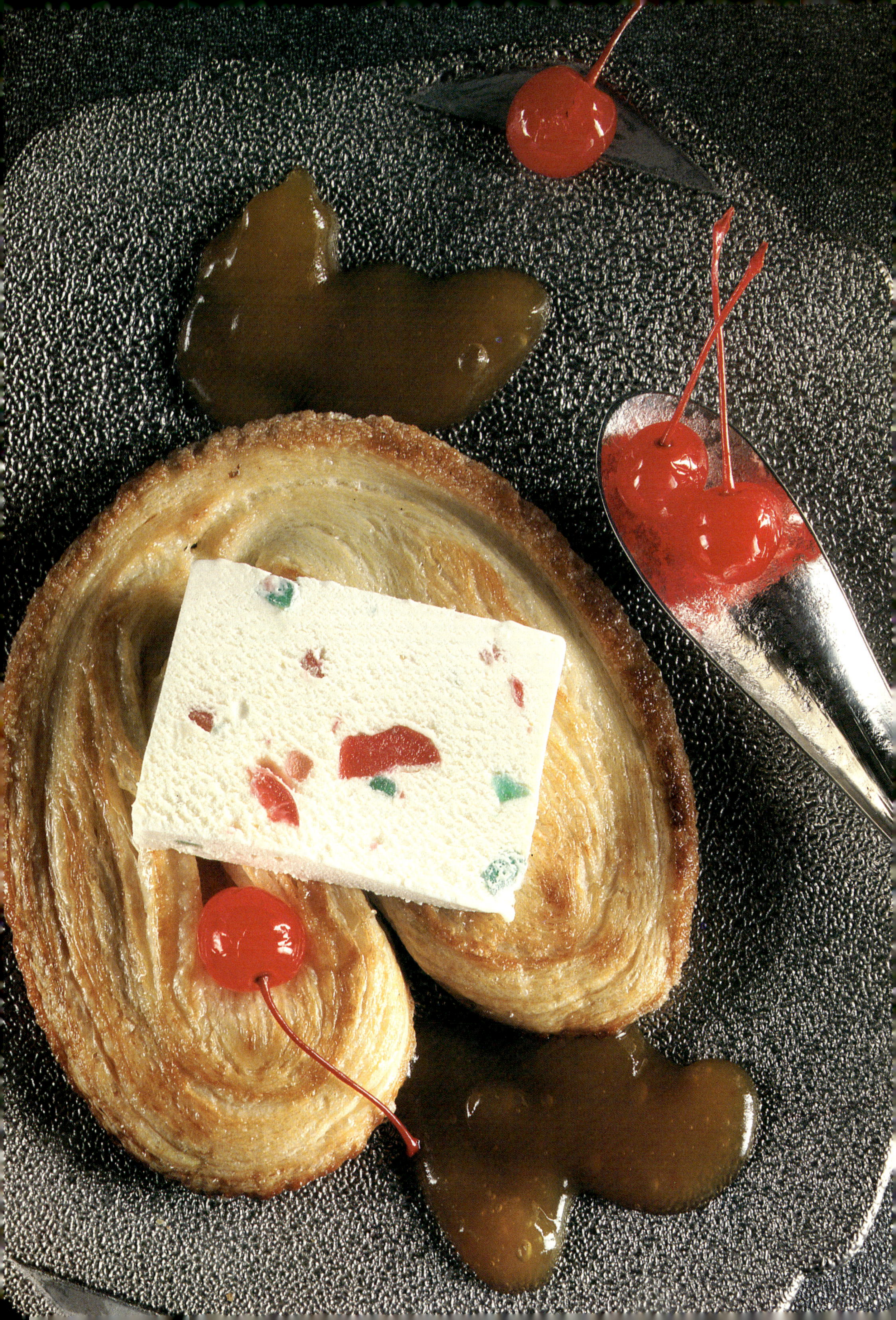

AUTOMNE

Mirabelles à la vanille

Préparation : 20 minutes
Cuisson : 5 à 7 minutes

Pour 4 personnes :
- 1/2 litre de glace à la vanille
- 700 g de mirabelles

Crème :
- 4 jaunes d'œufs
- 2 dl de Montbazillac
- 100 g de sucre

Laver et dénoyauter les mirabelles. Faire tiédir le vin. Dans une jatte, mettre les jaunes d'œufs et le sucre. Fouetter jusqu'à ce que le mélange devienne jaune paille et mousseux.

Ajouter petit à petit le Montbazillac. Faire cuire au bain-marie, non bouillant, sans cesser de fouetter. La crème est cuite lorsqu'elle nappe la cuillère.

Déposer les mirabelles dans 4 coupelles allant au four, verser la crème puis passer sous le grill du four pour faire dorer.

A l'aide d'une cuillère à glace, former des boules de glace à la vanille et les garder au congélateur.

Au moment de servir, poser deux boules de glace à la vanille dans chaque coupe.

Servir aussitôt.

Mousse au caramel

AUTOMNE

Préparation : 20 minutes
Cuisson : 15 minutes

Pour 4 personnes :
- 1/2 litre de glace au caramel
- 5 œufs
- 1/2 litre de crème fraîche
- 3 c à soupe de lait
- 1 feuille de gélatine
- 250 g de sucre en morceaux
- le jus d'1/4 de citron
- 1/2 dl d'eau
- quelques amandes effilées

Dans une casserole mettre le sucre, le jus de citron et l'eau. Sur feu moyen amener à ébullition et faire caraméliser.

Pendant la cuisson du caramel, casser les oeufs en séparant les jaunes des blancs. Battre les jaunes, ajouter quelques gouttes de jus de citron.

Dans une terrine mettre la crème et le lait, battre en Chantilly. Réserver au frais.

Faire tremper la feuille de gélatine dans un peu d'eau froide.

Verser le caramel dans les jaunes d'œufs en mélangeant vivement. Ajouter la feuille de gélatine, le mélange épaissit en refroidissant. Puis incorporer la crème fouettée.

Monter les blancs en neige très fermes. Les ajouter au mélange précédent. Verser la préparation dans des coupes et mettre au froid au moins 1 heure.

A l'aide d'une cuillère à glace former les boules de glace au caramel, et réserver au congélateur.

Au moment de servir, déposer les boules de glace sur chaque coupe de mousse et décorer d'amandes effilées.

AUTOMNE

Mousse de chocolat blanc au caramel

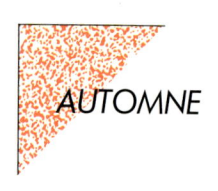

Préparation : 30 minutes
(1 heure à l'avance)
Cuisson : 20 minutes

Pour 6 personnes :
• 1 litre de glace au caramel
• 250 g de sucre
• le jus d'1/2 citron
• quelques copeaux de chocolat noir
Mousse :
• 160 g de chocolat blanc
• 70 g de beurre
• 4 œufs

A l'aide d'une cuillère à glace, former des boules de glace au caramel et les garder au congélateur.

Faire fondre le chocolat blanc au bain-marie non bouillant. Quand le chocolat est bien fondu, tourner un peu avec la cuillère en bois pour qu'il soit bien lisse. Hors du feu, ajouter le beurre morceau par morceau. Puis les jaunes d'œufs un à un.

Dans une jatte, mettre les blancs d'œufs, ajouter une pincée de sel, les battre en neige très ferme.

Verser le chocolat dans les blancs et mélanger délicatement le tout en soulevant la masse. Mettre au froid au moins 1 heure.

Préparer le caramel :

Dans une casserole, mettre le sucre et 15 centilitres d'eau, ajouter un peu de jus de citron. Porter à ébullition et laisser bouillir jusqu'à ce que le caramel ait une belle couleur dorée. Retirer du feu.

A l'aide d'une fourchette faire des fils de caramel, les déposer sur une assiette huilée en formant des petits nids.

Au moment de servir, déposer des cuillérées de mousse dans les assiettes en formant une étoile. Ajouter les boules de glace au caramel, décorer de fils de caramel et saupoudrer de copeaux de chocolat noir.

Servir aussitôt, nature ou avec une crème anglaise aromatisée de caramel ou encore une sauce au chocolat amer.

AUTOMNE

Pamplemousse au miel et à l'orange

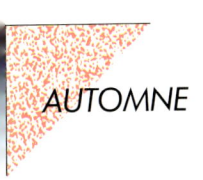

Préparation : 5 minutes
Cuisson : 3 minutes

Pour 4 personnes :
- 1 litre de sorbet orange ou mandarine
- 2 pamplemousses jaunes
- 2 pamplemousses roses
- 4 c à soupe de miel liquide

Préchauffer le gril du four.
A l'aide d'une cuillère à glace former les boules de sorbet et les garder au congélateur.

Peler à vif les pamplemousses puis dégager les quartiers à l'aide d'un petit couteau bien aiguisé.

Déposer les quartiers de pamplemousse dans des assiettes allant au four, en intercalant les couleurs.

Les arroser de miel et les passer 2 à 3 minutes sous le gril du four.

Déposer les assiettes chaudes sur des assiettes froides, ajouter les boules de sorbet sur les quartiers de pamplemousse au miel.

Servir aussitôt.

AUTOMNE

Pommes glacées aux noisettes

Préparation : 20 minutes
Cuisson : 3 minutes

Pour 4 personnes :
- 1 litre de sorbet pomme
- 1 pomme Granny Smith
- quelques noisettes
- 1/2 pot de gelée de coings
- 1 pincée de cannelle

Dans une casserole, faire fondre la gelée de coings sur feu doux.
Ajouter la cannelle et laisser tiédir.

Peler la pomme, retirer le cœur puis la couper en petits dés.

Concasser les noisettes au pilon ou au mixer, sans les réduire en poudre.

A l'aide d'une cuillère à glace, former des boules de sorbet pomme et les garder au congélateur.

Dans des coupes froides, verser un peu de gelée tiède, quelques dés de pomme et un peu de noisettes concassées. Ajouter les boules de sorbet pomme, les recouvrir de dés de pomme et les napper de gelée. Décorer avec le reste de noisettes concassées.

Servir aussitôt.

Poires vapeur au cassis

AUTOMNE

Préparation : 20 minutes
Cuisson : 20 minutes

Pour 4 personnes :
- 1/2 litre de sorbet cassis
- 5 poires
- 1 bouquet de menthe

Crème anglaise :
- 1/2 litre de lait
- 4 jaunes d'œufs
- 80 g de sucre
- 1 gousse de vanille

Préparer la crème anglaise : faire bouillir le lait avec la gousse de vanille fendue. Laisser infuser 10 minutes. Gratter l'intérieur de la gousse de vanille pour récupérer les graines aromatiques. Les ajouter au lait.

Dans une terrine, travailler les jaunes d'œufs avec le sucre pour obtenir un mélange onctueux et crémeux. Verser progressivement le lait chaud sur ce mélange.

Faire épaissir la crème sur feu doux en fouettant sans arrêt. Dès que la crème nappe la cuillère, retirer du feu.

Peler les poires sans retirer les queues.

Laver la menthe. Verser 1 litre d'eau dans la partie inférieure d'un appareil à cuisson vapeur ou d'une cocotte. Ajouter le bouquet de menthe.

Faire chauffer. Dès que l'eau bout, mettre les poires sur l'étage supérieur. Couvrir et laisser cuire à feu doux 20 minutes. Vérifier la cuisson à l'aide d'un couteau, les poires doivent être fermes mais cuites. La vapeur de menthe les aura parfumées. Laisser tiédir.

A l'aide d'une cuillère à glace former les boules de sorbet cassis et les garder au congélateur.

Retirer le cœur d'une des poires.

Mettre la chair dans le bol d'un mixer avec la crème anglaise. Bien mixer le tout.

Dans des assiettes creuses verser un peu de crème anglaise à la poire, déposer les poires entières ou coupées en deux (dans ce cas, retirer les cœurs), puis ajouter les boules de sorbet cassis.

Servir aussitôt.

AUTOMNE

Quetsches tièdes à la vanille

Préparation : 20 minutes
Cuisson : 20 minutes

Pour 4 personnes :
• 1/2 litre de glace à la vanille ou antillaise
• 750 g de quetsches
• 60 g de sucre
• 2 bâtons de cannelle
• 1 gousse de vanille
• cannelle en poudre

Laver et dénoyauter les questches en les laissant entières. Dans une casserole à fond épais mettre les quetsches, le sucre, la cannelle et la gousse de vanille fendue.

Ajouter 1/2 verre d'eau et faire cuire à feu très doux 15 minutes, les fruits doivent rester entiers. Laisser tiédir, retirer la cannelle et la gousse de vanille.

A l'aide d'une cuillère à glace, former des boules de glace et les garder au congélateur.

Dans les assiettes de service mettre les quetsches et leur jus.

Déposer les boules de glace.

Saupoudrer de cannelle.

Servir aussitôt.

AUTOMNE

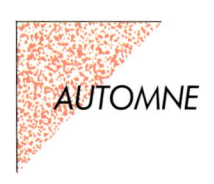

Riz au caramel

Préparation : 20 minutes
Cuisson : 40 minutes

Pour 4 personnes :
- 1/2 litre de glace au caramel ou pralinée
- 40 g d'amandes

Riz au lait :
- 150 g de riz étuvé
- 1 litre de lait
- 80 g de sucre
- 1 sachet de sucre vanillé

Caramel :
- 200 g de sucre
- 15 cl d'eau
- le jus d'1/2 citron

Porter à ébullition une casserole d'eau légèrement salée, y jeter le riz et le laisser crever 5 minutes.

Porter le lait à ébullition avec le sucre. Egoutter le riz et verser dans le lait. Laisser cuire à feu doux sans couvrir jusqu'à absorption complète du liquide en prenant soin de ne pas laisser attacher. En fin de cuisson saupoudrer de sucre vanillé. Laisser refroidir.

Préparer la caramel : dans une casserole mettre le sucre, l'eau et le jus de citron. Faire cuire jusqu'à ce que le caramel ait une belle couleur dorée. A l'aide d'une fourchette faire des fils de caramel, les déposer sur une assiette huilée.

Dans les assiettes de service déposer le riz au lait, puis les boules de glace.

Décorer avec les fils de caramel et les amandes grillées.

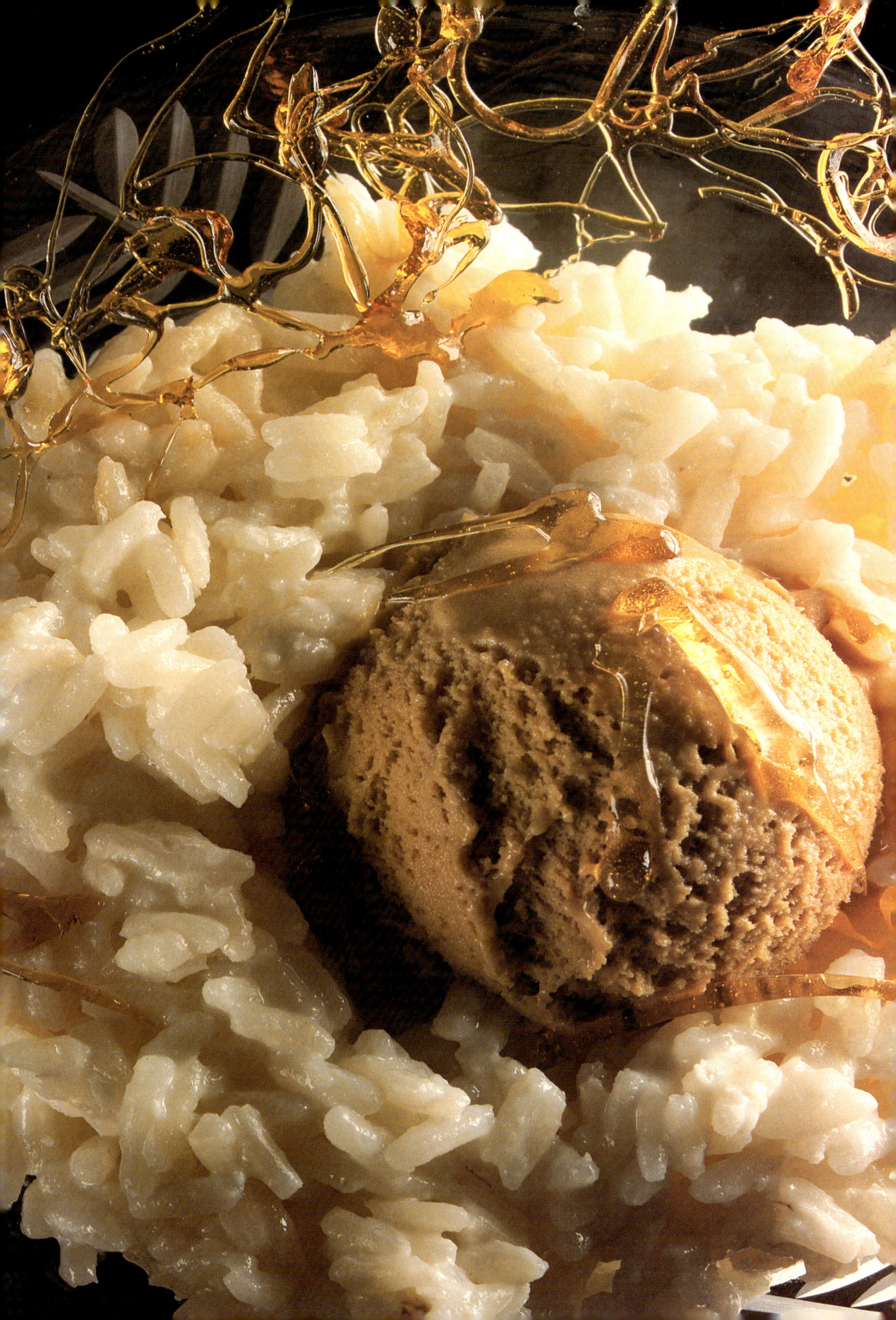

AUTOMNE

Tarte new-yorkaise

Préparation : 30 minutes
Cuisson : 30 minutes

Pour 4 personnes :
- 1/2 litre de glace à la vanille
- 200 g de pâte feuillettée
- 4 belles pommes Boskoop
- 50 g de sucre en poudre
- 30 g de beurre
- 1 pincée de cannelle

Peler les pommes et les couper en fines lamelles. Etaler la pâte en une mince abaisse (1/2 centimètre). Entailler les bords à l'aide d'un petit couteau et former une petite gorge sur les pourtours.

Déposer les lamelles de pommes, saupoudrer de sucre et de cannelle, ajouter le beurre en noisettes.

Enfourner pour 20 à 30 minutes Th.6/180°.

Laisser refroidir un peu, couper la tarte en quatre et déposer sur chaque part une ou deux boules de glace à la vanille.

Saupoudrer de cannelle.

Servir aussitôt.

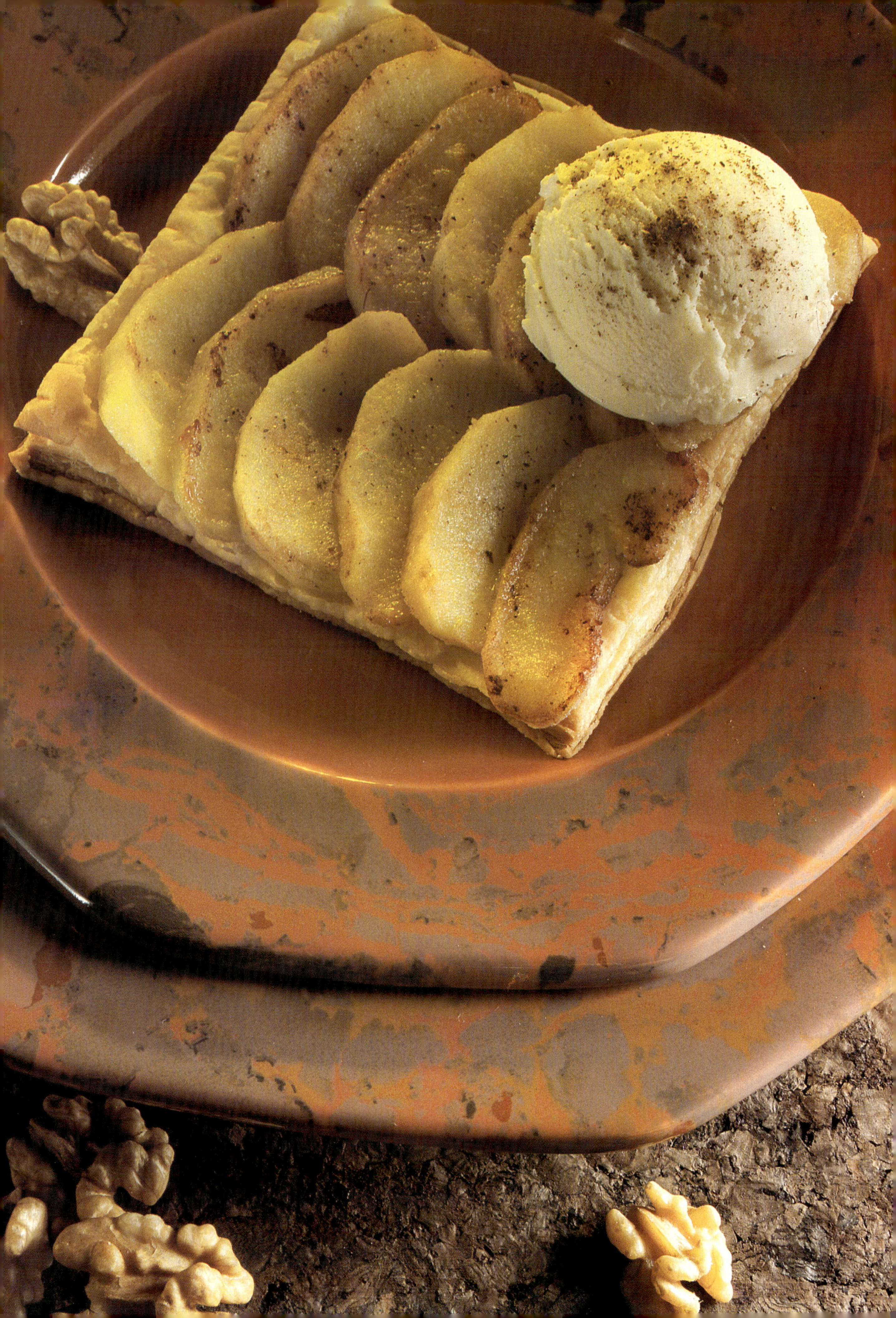

Joyeuses Fêtes

EN HIVER, on respire le parfum des amandes grillées, du miel et de la crème anglaise à la cannelle qui coule, telle une fontaine sucrée, sur un sorbet à la pomme.
L'hiver est la saison des douceurs glacées qu'on emmitoufle dans une cape mousseuse, croquante ou veloutée. Les vrais gourmets savent que rien ne gâche mieux un repas qu'un dessert lourd et compliqué. Ils trouveront ici des recettes colorées, légères, exotiques comme l'ananas créole à la fois croquant et fondant. Les plus douillets se régaleront d'une glace à la banane que réchauffent délicatement les zestes de mandarines confits et le miel !
Par temps froid, douce comme une liqueur, moelleuse, la glace suffit à nous faire résister à beaucoup de pièges : non aux puddings farineux, non aux gaufres en éponge !
Un chemin en papier nous conduit ici vers des trésors nommés profiteroles, parfait, vacherin.
Et pour que la fête soit plus intense, pourquoi ne pas prévoir un buffet glacé ? Là, les bûches exotiques côtoieraient les coupes acidulées et les omelettes norvégiennes. Là, tout ne serait qu'invitation au voyage...

Ananas créole

HIVER

Préparation : 30 minutes
Pas de cuisson

Pour 4 personnes :
- 1/2 de litre de sorbet fruits de la passion ou ananas
- 1/2 de litre de sorbet mangue
- 1/2 de litre de sorbet citron vert
- quelques copeaux de noix de coco
- 1 mangue
- 2 ananas

Peler la mangue, couper la chair en petits dés. Couper les ananas en deux dans le sens de la longueur.

Retirer le cœur (la partie dure) puis dégager délicatement la chair et la couper en dés.

A l'aide d'une cuillère à glace, former des boules de sorbets et les garder au congélateur.

Remplir les écorces d'ananas avec la moitié des dés d'ananas et de mangue.

Déposer les boules de sorbets, ajouter le reste des fruits.

Servir aussitôt.

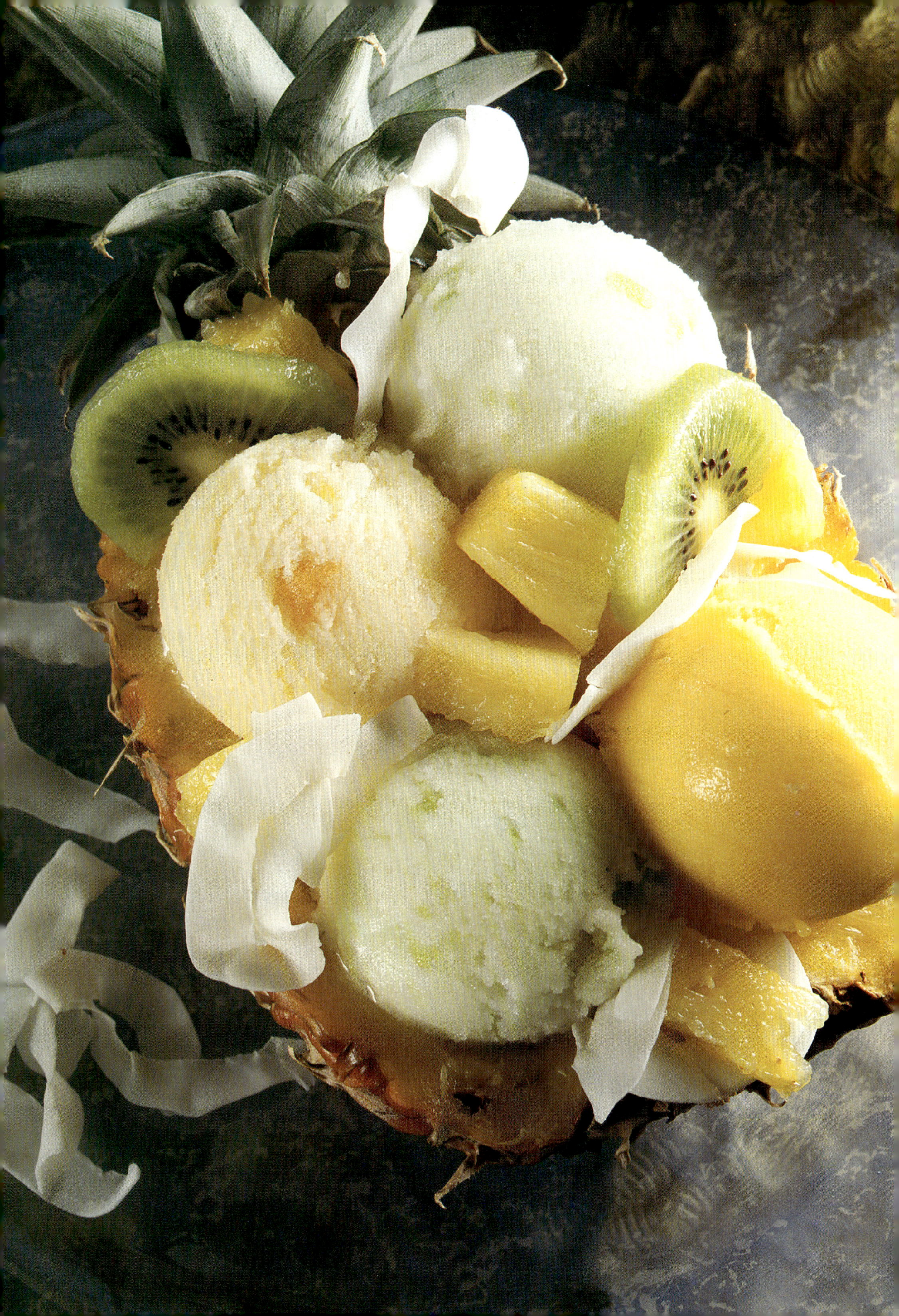

Bûche glacée sur quatre-quart

HIVER

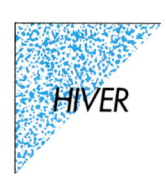

Préparation : 20 minutes
Cuisson : 30 minutes

Pour 8 personnes :
- 1 bûche glacée au chocolat d'1 litre
- 4 oranges
- quelques copeaux de chocolat

Quatre-quart :
- 3 œufs
- 180 g de beurre
- 180 g de sucre en poudre
- 180 g de farine
- quelques zestes d'oranges confits

Crème anglaise :
- 3/4 de litre de lait
- 1 gousse de vanille
- 6 jaunes d'œufs
- 150 g de sucre en poudre

Préparer la crème anglaise : faire bouillir le lait avec la gousse de vanille fendue. Laisser infuser 10 minutes. Gratter l'intérieur de la gousse de vanille pour récupérer les graines aromatiques. Les ajouter au lait.
Dans une terrine travailler les jaunes d'œufs avec le sucre pour obtenir un mélange onctueux et crémeux. Verser progressivement le lait chaud sur ce mélange.
Faire épaissir la crème sur feu doux en fouettant sans arrêt. Dès que la crème nappe la cuillère, retirer du feu.
Préparer le gâteau : travailler le beurre pour qu'il soit crémeux. Ajouter le sucre, en deux ou trois fois, les jaunes d'œufs, la farine tamisée et les zestes d'orange coupés en dés.
Battre les blancs en neige, les incorporer délicatement en soulevant la masse.
Verser la pâte dans un moule à cake préalablement beurré et fariné.
Faire cuire 30 minutes à four chaud Th.6/180°.
Laisser refroidir sur une grille.
Au moment de servir, couper en tranches le gâteau et la bûche.
Déposer une tranche de bûche au chocolat sur chaque part de gâteau.
Décorer de copeaux de chocolat.
Servir avec la crème anglaise.

Bombe au chocolat

HIVER

Préparation : 30 minutes
Pas de cuisson

Pour 6 personnes :
- 1 litre de glace au chocolat
- quelques zestes d'orange confits
- quelques marrons glacés
- 1 moule à bombe glacée

Chantilly :
- 1 dl de crème fleurette ou liquide
- 30 g de sucre

Travailler la glace pour qu'elle soit plus souple sans la laisser fondre.

Dans un moule bien froid en mettre la moitié, ajouter les zestes d'orange.

Recouvrir avec l'autre moitié de glace, lisser la surface et remettre au congélateur.

Dans une jatte bien froide, mettre la crème et le sucre, battre en Chantilly. En remplir une poche à douille cannellée.

Au moment de servir, démouler la bombe sur le plat de service.

Décorer avec la Chantilly et les marrons glacés.

Charlotte glacée

HIVER

Préparation : 30 minutes
Pas de cuisson

Pour 6 personnes :
- 1 litre de sorbet mangue
- 10 meringues
- 4 kiwis

Travailler le sorbet pour le rendre plus souple sans le laisser fondre.

Dans un moule à charlotte bien froid mettre le sorbet, bien tasser pour que le sorbet adhère aux parois.

Lisser la surface et remettre au congélateur 15 minutes.

Démouler le sorbet sur le plat de service, le recouvrir avec les meringues.

Peler les kiwis, les couper en tranches fines.

Décorer le dessus de la charlotte avec les kiwis.

Servir avec un coulis de fruits rouges.

Chaud-froid de café

HIVER

Préparation : 10 minutes
Pas de cuisson

Pour 4 personnes :
- 1/4 litre de glace au café
- 1/4 litre de glace au chocolat
- 2 dl de café très fort et très chaud
- 10 cl de crème fraîche
- 30 g de sucre
- 4 c à soupe de liqueur de café

Fouetter la crème fraîche avec le sucre.

Dans des grands verres, verser le café très chaud, ajouter une cuillerée à soupe de liqueur de café, une boule de glace au café, une boule de glace au chocolat, puis une cuillerée à soupe de crème fouettée.

Servir aussitôt.

L'été, on peut réaliser cette boisson avec du café glacé.

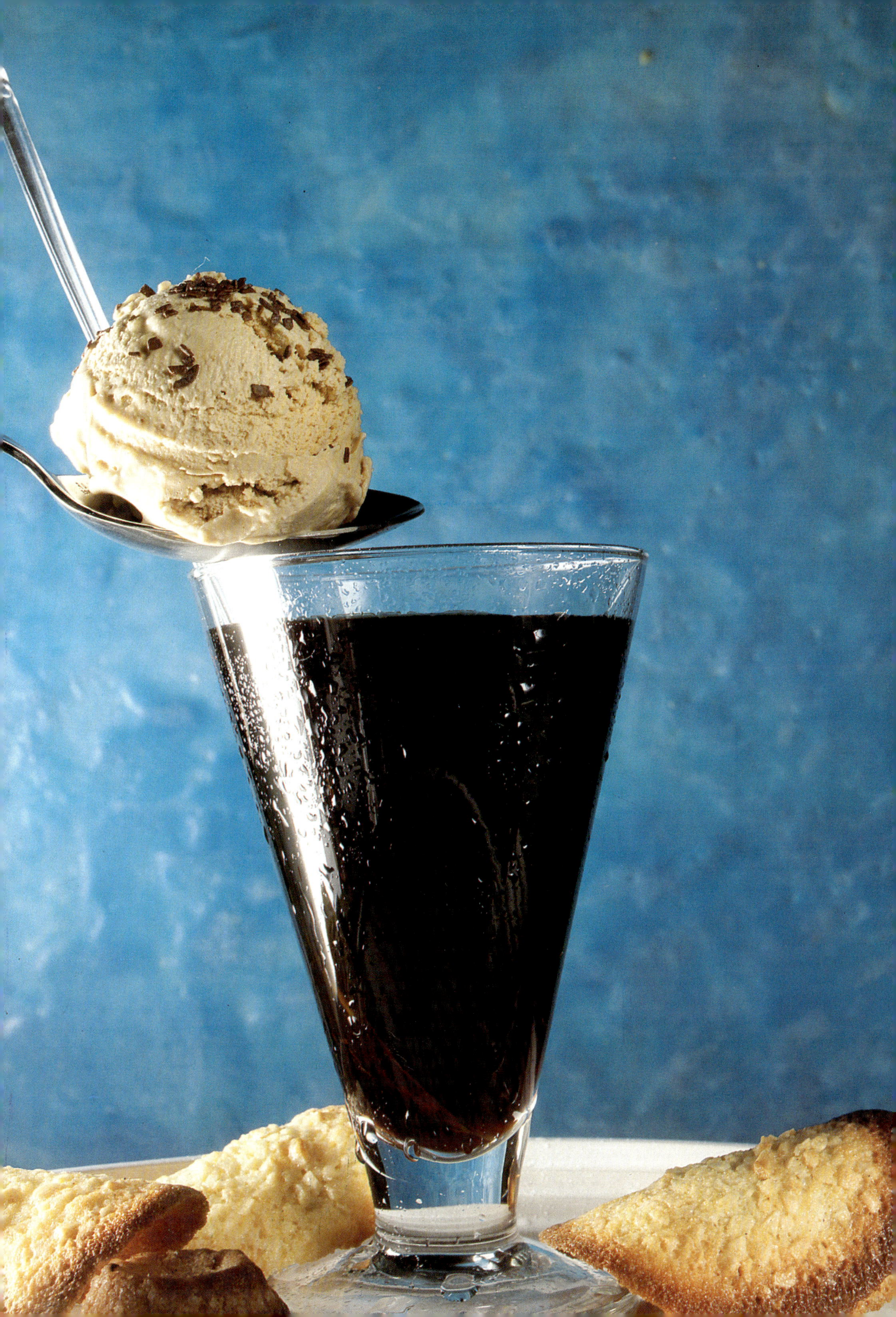

Coupe Colombine

HIVER

Préparation : 15 minutes
Pas de cuisson

Pour 4 personnes :
- 1 litre de glace au café ou rhum-raisins
- 1 tasse de café très serré
- 2 bananes
- quelques gros copeaux de chocolat

Crème anglaise :
- 1/4 de litre de lait
- 40 g de sucre
- 2 jaunes d'œufs
- 1 gousse de vanille

Préparer la crème anglaise : faire bouillir le lait avec la gousse de vanille fendue. Laisser infuser 10 minutes. Gratter l'intérieur de la gousse de vanille pour récupérer les graines aromatiques. Les ajouter au lait.

Dans une terrine travailler les jaunes d'œufs avec le sucre pour obtenir un mélange crémeux et onctueux. Verser progressivement le lait chaud sur ce mélange.

Faire épaissir la crème sur feu doux en fouettant sans arrêt. Dès que la crème nappe la cuillère, retirer du feu.

Ajouter le café à la crème anglaise, mettre au froid.

A l'aide d'une cuillère à glace, former des boules de glace et les garder au congélateur.

Peler et couper les bananes en rondelles.

Dans des coupes froides, verser un peu de crème anglaise au café, puis ajouter les boules de glace, les tranches de bananes et les copeaux de chocolat.

Servir aussitôt.

Coupe d'hiver

HIVER

Préparation : 20 minutes
Cuisson : 15 minutes

Pour 4 personnes :
- 1/2 litre de glace pralinée
- 6 mandarines
- 100 g de sucre
- 2 c à soupe de miel

A l'aide d'un couteau économe, retirer le zeste d'une mandarine et l'émincer.

Faire un sirop avec le sucre et 25 centilitres d'eau, laisser cuire jusqu'à ce que le sirop nappe la cuillère.

Ajouter les zestes de mandarine et les laisser confire 15 minutes.

Retirer du feu et laisser refroidir.

A l'aide d'une cuillère à glace, former des boules de glace pralinée et les garder au congélateur.

Peler à vif les mandarines et dégager les quartiers à l'aide d'un petit couteau.

Dans des coupes bien froides, mettre les boules de glace pralinée, les quartiers de mandarines, les zestes confits, arroser avec un peu de sirop.

Servir aussitôt.

HIVER

Préparation : 15 minutes
Cuisson : 10 minutes

Pour 4 personnes :
• 1/2 litre de glace
à la banane, à la vanille
ou au caramel
• 2 bananes
Sauce au chocolat :
• 100 g de chocolat
• 5 cl d'eau
• 1/2 cuillerée à soupe
de crème fraîche
Crêpes :
• 125 g de farine
• 10 g de beurre fondu
+ 20 g pour la cuisson
• 2 œufs
• 1/4 de litre de lait
• 2 c à soupe de sucre
en poudre
• 1 pincée de sel

Crêpes banana

Faire fondre au bain-marie le chocolat avec l'eau puis ajouter la crème. Réserver au chaud au bain-marie.

Préparer la pâte à crêpes : dans le bol d'un mixer mettre le lait, la farine, les œufs, le sel, le beurre fondu et le sucre. Mixer le tout.

Faire cuire 8 crêpes dans une poêle bien chaude avec du beurre. Réserver au chaud.

Peler les bananes, les couper en rondelles.

A l'aide d'une cuillère à glace, former des boules du parfum choisit et les garder au congélateur.

Sur quatre des crêpes, déposer les rondelles de bananes, deux boules de glace, un peu de sauce au chocolat. Recouvrir d'une autre crêpe et arroser de sauce chocolat.

Servir aussitôt.

HIVER

Préparation : 15 minutes
Cuisson : 15 minutes

Pour 4 personnes :
• 1 litre familial de glace
vanille-chocolat-pistache
• quelques amandes
• quelques pistaches
Crème anglaise :
• 1/2 litre de lait
• 80 g de sucre
• 1 gousse de vanille
• 4 jaunes d'œufs
Crêpes :
• 125 g de farine
• 10 g de beurre fondu
+ 20 g pour la cuisson
• 2 œufs
• 1/4 de litre de lait
• 2 c. à soupe de sucre
en poudre
• 1 pincée de sel

Crêpes gourmet

Préparer la crème anglaise : faire bouillir le lait avec la gousse de vanille fendue. Laisser infuser 10 minutes. Gratter l'intérieur de la gousse de vanille pour récupérer les graines aromatiques. Les ajouter au lait.
Dans une terrine travailler les jaunes d'œufs avec le sucre pour obtenir un mélange onctueux et crémeux. Verser progressivement le lait chaud sur ce mélange.
Faire épaissir la crème sur feu doux en fouettant sans arrêt. Dès que la crème nappe la cuillère retirer du feu.
Préparer la pâte à crêpes : dans le bol d'un mixer, mettre la farine, le lait, le beurre fondu, les œufs, le sel, et le sucre en poudre. Bien mixer le tout puis faire cuire 8 crêpes dans une poêle bien chaude avec du beurre.
Réserver au chaud.
A l'aide d'un pilon ou d'un mixer, concasser les pistaches et les amandes sans les réduire en poudre.
Couper la brique de glace en tranches d'un centimètre d'épaisseur.
Sur les assiettes de service, déposer une crêpe, deux tranches de glace et parsemer de fruits secs concassés. Recouvrir d'une autre crêpe.
Servir aussitôt avec la crème anglaise.

Crêpes aux mandarines

HIVER

Préparation : 20 minutes
Cuisson : 20 minutes

Pour 4 personnes :
- 1/2 litre de glace au chocolat
- 8 mandarines
- quelques copeaux de chocolat

Crêpes :
- 50 g de farine
- 1 pincée de sel
- 10 g de beurre fondu + 20 g pour la cuisson
- 1 œuf
- 20 cl de lait
- 1 c à soupe de sucre en poudre

Préparer la pâte à crêpes : dans le bol d'un mixer, mettre le lait, la farine, le sel, l'œuf, le sucre. Mixer le tout. Laisser reposer.

Peler à vif les mandarines à l'aide d'un couteau bien aiguisé.

Avec une cuillère à glace, former des boules de glace au chocolat et les garder au congélateur.

Faire cuire 8 crêpes dans une poêle bien chaude avec du beurre. Réserver au chaud.

Sur les assiettes de service, déposer une crêpe, les quartiers de mandarines, les boules de glace au chocolat, saupoudrer de copeaux de chocolat.

Recouvrir d'une autre crêpe.

Décorer de quartiers de mandarines.

Servir aussitôt.

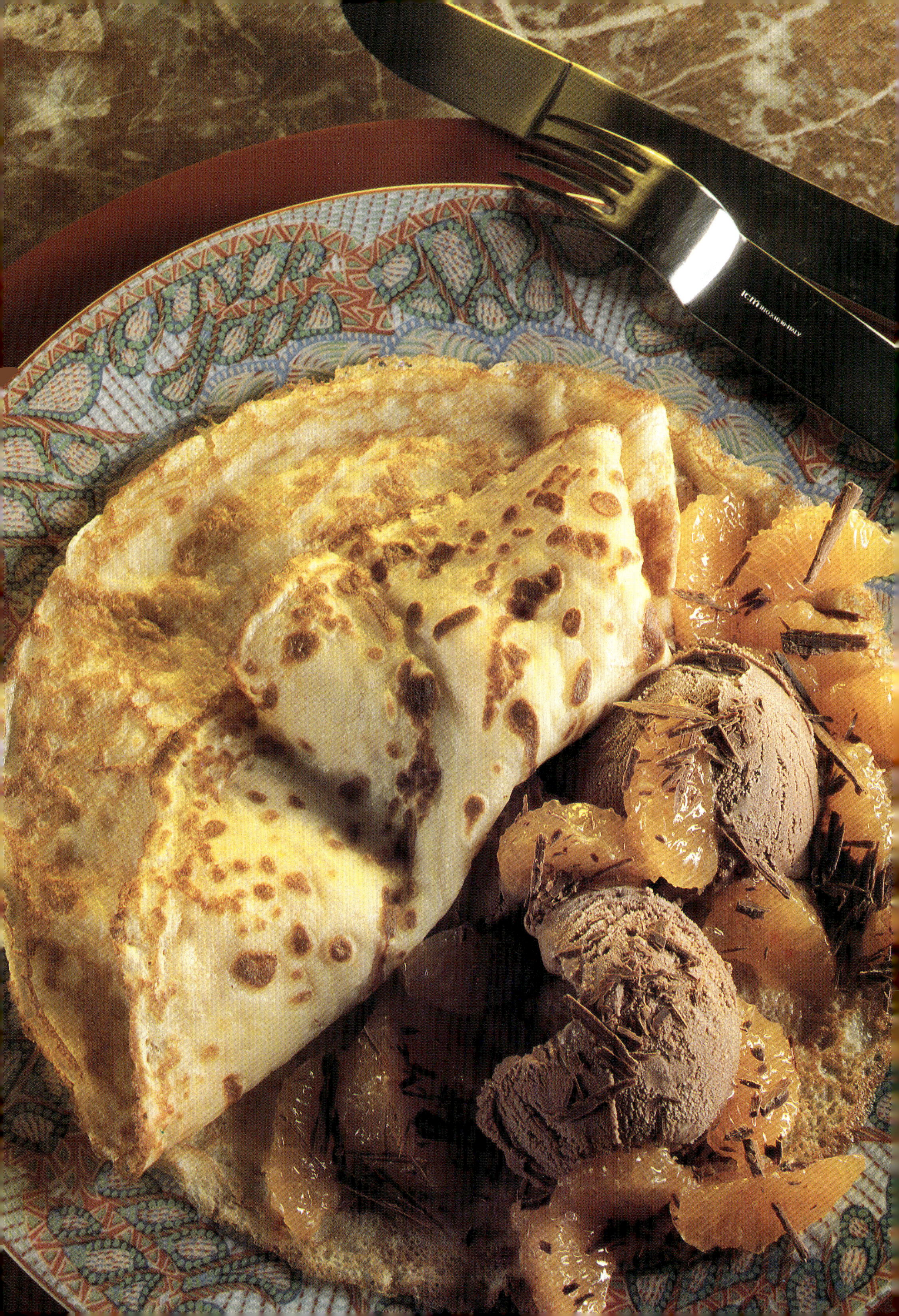

Galant chocolat-café

HIVER

Préparation : 30 minutes
(4 heures à l'avance)
Cuisson : 40 minutes

Pour 6 personnes :
- 1/2 litre de glace au café
- quelques grains de café en chocolat
- 280 g de chocolat noir
- 280 g de beurre
- 280 g de sucre
- 9 œufs
- 1 pincée de sel
- 80 g de farine

Préchauffer le four Th.5/150°.
Faire fondre le chocolat au bain-marie non bouillant.

Faire fondre le beurre.

Dans le bol d'un mixer, mettre le chocolat, le beurre, la farine, les jaunes d'œufs, le sel ; réserver les blancs. Mixer le tout.

Battre les blancs en neige pas trop ferme, les incorporer à la préparation.

Beurrer un moule à gâteau carré, verser la pâte et faire cuire 40 minutes. Le gâteau ne doit pas se dessécher. Le sortir du four et laisser refroidir, puis le mettre au réfrigérateur au moins 4 heures.

A l'aide d'une cuillère à glace, former des boules de glace au café et les garder au congélateur.

Au moment de servir, couper 4 parts de gâteau les déposer dans les assiettes de service, ajouter les boules de glace au café et les grains de café au chocolat.

Servir aussitôt.

Gelée de mandarines

HIVER

Préparation : 1 heure
Cuisson : 35 minutes

Pour 6 personnes :
- 1 litre de glace au chocolat
- 1 bouteille de vin blanc sec
- 100 g de sucre en morceaux
- 5 feuilles de gélatine
- 1 kg 500 de mandarines

Faire tremper les feuilles de gélatine dans de l'eau froide. Frotter les morceaux de sucre sur les mandarines. Faire un sirop avec ce sucre, quelques zestes et un dl d'eau, puis ajouter le vin. Incorporer les feuilles de gélatine égouttées.

Laisser tiédir. Peler les mandarines à vif et dégager les quartiers.

Verser un peu de gelée dans des coupes, faire prendre au froid, puis déposer une couche de fruits, verser un peu de gelée et laisser prendre à nouveau, recommencer l'opération jusqu'à avoir 3 couches de fruits.

Mettre au froid.

Au moment de servir, déposer les gelées dans les assiettes de service, ajouter les boules de glace au chocolat.

Servir aussitôt avec une brioche tiède.

Génoise au chocolat et à la vanille

HIVER

Préparation : 20 minutes
Cuisson : 35 minutes

Pour 6 personnes :
- 1 litre de glace à la vanille

Chantilly :
- 2 dl de crème liquide
- 40 g de sucre en poudre
- quelques cerises Amarena (ou griottes à l'alcool)
- quelques copeaux de chocolat

Biscuit :
- 40 g de cacao
- 125 g de sucre en poudre
- 90 g de farine
- 90 g de beurre
- 4 œufs + 1 jaune

Préchauffer le four Th.6/180°.
Dans une jatte, battre le sucre et les jaunes d'œufs jusqu'à ce que le mélange soit mousseux.
Mélanger le cacao et la farine.
Battre les blancs en neige très ferme.
Faire fondre le beurre.
Ajouter aux jaunes d'œufs la farine et le cacao, le beurre fondu puis les blancs en soulevant la masse.
Beurrer et fariner un moule à génoise, verser la pâte et enfourner pour 35 minutes. Sortir la génoise du four et la laisser refroidir sur une grille.
A l'aide d'une cuillère à glace, former des boules de glace à la vanille et les garder au congélateur.
Dans une jatte bien froide, mettre la crème et le sucre, battre en Chantilly.
En recouvrir la génoise, décorer avec les cerises.
Au moment de servir, déposer une part de génoise dans chaque assiette, ajouter deux boules de glace à la vanille et saupoudrer de copeaux de chocolat.

Mini baba des îles

HIVER

Préparation : 30 minutes
repos de la pâte à baba :
2 heures
Cuisson : 20 minutes

Pour 6 personnes :
- 1/2 litre de glace rhum-raisins

Chantilly :
- 2 dl de crème liquide
- 30 g de sucre

Pâte à baba :
- 150 g de farine
- 8 œufs
- 1 verre de lait tiède
- 1 c à soupe de sucre en poudre
- 5 cl de sirop de sucre
- 1 petit verre de rhum
- quelques raisins de Smyrne
- 15 g de levure de boulanger
- 70 g de beurre fondu
- 6 petits moules à savarin

Préparer les babas : dans une terrine mettre la farine, former un puits, y déposer le sel et les œufs battus. Emietter la levure de boulanger dans un verre de lait tiède (30° – 35°). Verser dans la terrine en remuant à la spatule. Ajouter le beurre fondu. Bien mélanger le tout.

Couvrir la terrine d'un torchon et laisser reposer dans un endroit tempéré pendant 2 heures environ.

Lorsque la pâte est bien levée, elle doit avoir doublé de volume. Beurrer largement les moules, pétrir délicatement la pâte et la verser dans les moules. Laisser reposer encore un peu la pâte puis enfourner 20 minutes à four chaud Th.7/210°. Sortir du four et laisser refroidir.

Faire macérer les raisins dans le rhum. Les réserver.

Dans une jatte bien froide, mettre le sucre et la crème. Battre en Chantilly.

Ajouter le rhum au sirop et imbiber les babas de cette préparation.

Décorer le centre des babas avec la Chantilly, remettre au froid.

A l'aide d'une cuillère à glace former des boules de glace rhum-raisins et les garder au congélateur.

Au moment de servir, déposer les babas dans les assiettes de service, ajouter les boules de glace rhum-raisins autour, décorer avec les raisins macérés.

Servir aussitôt.

• Pour gagner du temps, on peut utiliser des babas du commerce.

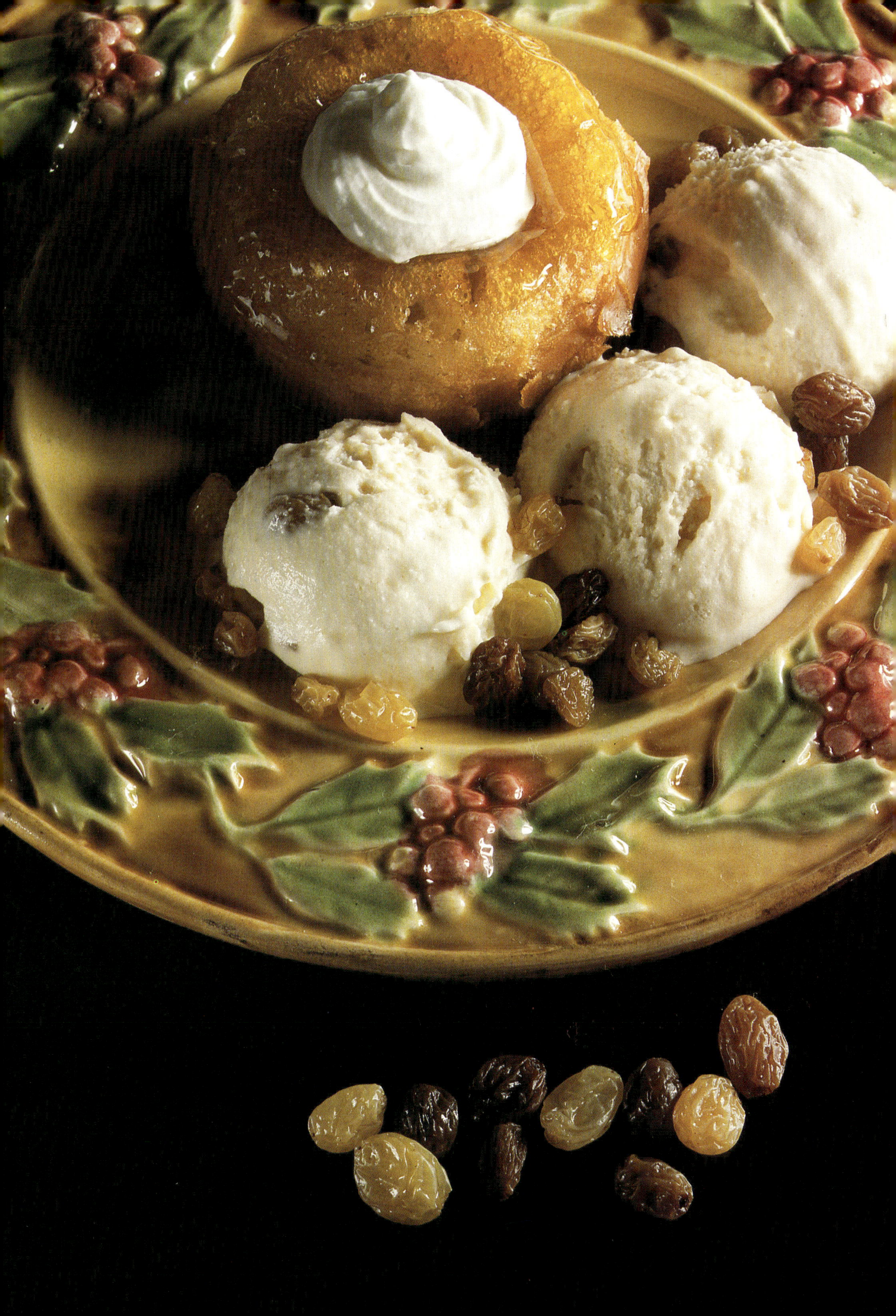

HIVER

Préparation : 20 minutes
Cuisson : 25 minutes

Pour 4 personnes :
- 1/2 litre familial de glace vanille-fraise

Crème anglaise :
- 1/2 litre de lait
- 4 jaunes d'œufs
- 80 g de sucre
- 1 gousse de vanille

Meringues :
- 6 blancs d'œufs
- 400 g de sucre en poudre
- 1 trait de grenadine
- 20 g de beurre

Meringues pastel

Préparer la crème anglaise : faire bouillir le lait avec la gousse de vanille fendue. Laisser infuser 10 minutes. Gratter l'intérieur de la gousse de vanille pour récupérer les graines aromatiques. Les ajouter au lait.
Dans une terrine, travailler les jaunes d'œufs avec le sucre pour obtenir un mélange onctueux et crémeux. Verser progressivement le lait chaud sur ce mélange.
Faire épaissir la crème sur feu doux en fouettant sans arrêt. Dès que la crème nappe la cuillère, retirer du feu.
Dans une jatte mettre 3 blancs d'œufs, les monter en neige puis ajouter la moitié du sucre les battre encore pour qu'ils soient très fermes.
Faire de même avec les autres blancs d'œufs en ajoutant le sucre restant et la grenadine.
Beurrer et fariner la plaque du four.
A l'aide d'une poche à douille cannelée, disposer successivement sur la plaque des meringues blanches puis roses de forme allongée et de la taille d'une tranche de glace.
Faire cuire à four très doux Th. 1.2/30° – 60° pendant 25 minutes
Sortir du four et laisser refroidir.
Au moment de servir, couper la glace en tranches, les déposer sur le coté plat de chaque meringue blanche puis recouvrir d'une meringue rose.
Servir aussitôt avec la crème anglaise

HIVER

Préparation : 30 minutes
Pas de cuisson

Pour 6 personnes :
- 1 litre de glace au chocolat
- 12 marrons glacés
- 1/2 boîte de crème de marrons

Chantilly :
- 2 dl de crème liquide
- 30 g de sucre

Sauce au chocolat :
- 100 g de chocolat
- 5 cl d'eau
- 1/2 c à soupe de crème fraîche

Mont Blanc

Au bain-marie faire fondre le chocolat avec l'eau puis ajouter la crème.
Réserver au chaud hors du feu.
Dans une jatte bien froide, mettre la crème et le sucre. Battre en Chantilly.
A l'aide d'une cuillère à glace former des boules de glace au chocolat et les garder au congélateur.
Malaxer la crème de marrons pour la rendre plus souple puis ajouter la Chantilly en soulevant la masse pour ne pas la casser.
Dans des coupes froides, verser un peu de crème de marrons, ajouter les boules de glace au chocolat et les marrons glacés.
Napper de sauce au chocolat.
Servir aussitôt.

HIVER

Noël exotique

Préparation : 30 minutes
Pas de cuisson

Pour 10 personnes :
- bûchettes exotiques
- 1 bûche aux fruits exotiques
- 1 omelette norvégienne
- 1 verre de rhum ambrée
- quelques litchees

Peler les litchees, les réserver au frais.
Déposer les bûchettes sur un plat de service bien froid.

Faire de même avec la bûche. Déposer l'omelette sur un plat supportant la flamme.

Faire chauffer le rhum dans une louche, l'enflammer puis le verser sur l'omelette au moment de servir. Décorer avec les litchees.

Servir avec un punch.

(photo p.98)

HIVER

Punch aux fruits de la passion

Pour 10 personnes :
- 1 litre de sorbet fruits de la passion
- 1 litre de rhum blanc
- 1/2 litre de jus de citron
- 1 litre de jus d'orange
- 1 litre de jus de pamplemousse
- 1/4 de litre de sucre de canne liquide

Dans un grand saladier mettre le sucre de canne, puis verser petit à petit les jus de fruits. Mélanger et réserver au frais.

A l'aide d'une cuillère à glace former les boules de sorbet fruits de la passion et les garder au congélateur.

Au moment de servir déposer, dans des verres bien froid, une ou deux boules de sorbet fruits de la passion puis verser le punch.

HIVER

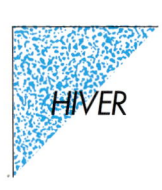

Parfait d'hiver

Préparation : 20 minutes
Cuisson : 10 minutes

Pour 4 personnes :
- 4 parfaits au café
- 1 double café très serré
- 20 g d'amandes effilées
- quelques tuiles

Crème anglaise :
- 1/2 litre de lait
- 80 g de sucre
- 4 jaunes d'œufs
- 1 gousse de vanille

Préparer la crème anglaise : faire bouillir le lait avec la gousse de vanille fendue. Laisser infuser 10 minutes. Gratter l'intérieur de la gousse de vanille pour récupérer les graines aromatiques. Les ajouter au lait.

Dans une terrine, travailler les jaunes d'œufs avec le sucre pour obtenir un mélange onctueux et crémeux. Verser progressivement le lait chaud sur ce mélange.

Faire épaissir la crème sur feu doux en fouettant sans arrêt. Dès que la crème nappe la cuillère, retirer du feu.

Laisser refroidir puis ajouter le café. Bien mélanger et mettre au froid.

Dans une poêle chaude, faire griller les amandes sur feu doux en remuant de temps en temps pour ne pas les laisser trop brunir (elles deviendraient amères).

Au moment de servir, déposer les parfaits dans des assiettes de service, verser la crème anglaise dans des coupelles individuelles.

Décorer de quelques amandes grillées.

Servir aussitôt avec des tuiles.

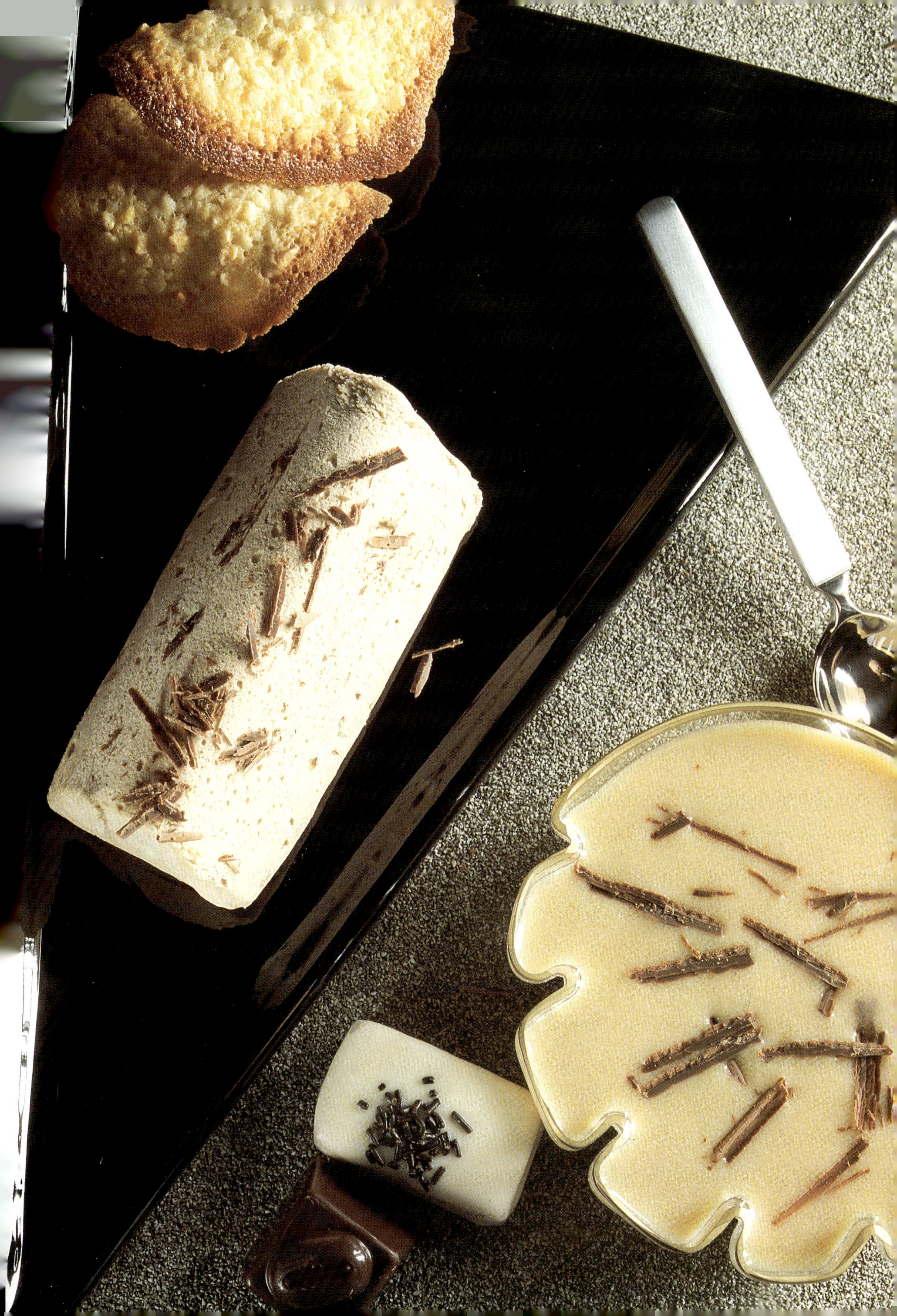

Pommes au four

HIVER

Préparation : 20 minutes
Cuisson : 30 minutes

Pour 4 personnes :
- 1/2 litre de glace à la vanille pralinée ou noisette
- 4 belles pommes de Boskoop
- 80 g de beurre
- 40 g de sucre en poudre
- 1 c. à soupe de poudre d'amande
- 1 pincée de cannelle

Creuser les pommes pour retirer le cœur et les pépins. Dans un bol mettre le sucre, la poudre d'amande, 60 g de beurre et la cannelle. Bien mélanger le tout. En farcir les pommes.

Beurrer un moule allant au four, déposer les pommes et enfourner 30 minutes Th.6/180°.

Sortir les pommes du four, les laisser refroidir un peu, puis à l'aide d'une cuillère former des copeaux de glace, les déposer sur les pommes.

Servir aussitôt.

Profiteroles à la vanille

HIVER

Préparation : 45 minutes
Cuisson : 30 minutes

Pour 4 personnes :
- 1/2 litre de glace à la vanille ou pralinée

Choux :
- 1/4 de litre d'eau et de lait par moitié
- 110 g de beurre
- 140 g de farine tamisée
- 5 œufs
- 1 pincée de sel
- 1 c à café de sucre en poudre

Sauce chocolat :
- 200 g de chocolat noir
- 1 dl d'eau
- 1 c à soupe de crème fraîche

Préchauffer le four Th.7/210°.
Dans une casserole verser le mélange eau-lait, ajouter le beurre coupé en morceaux, le sel et le sucre. Porter à ébullition. Dès que le beurre est fondu retirer la casserole du feu et ajouter la farine en pluie tout en remuant avec une spatule en bois.

Remettre sur le feu, sans cesser de tourner, la pâte doit se décoller du fond et des parois de la casserole.

Retirer du feu, laisser refroidir puis ajouter les œufs un à un en travaillant la pâte énergiquement.

Recouvrir la plaque du four d'une feuille de papier sulfurisé. A l'aide d'une poche à douille non cannelée déposer des petits choux (environ 3 centimètres de diamètre) en les espaçant bien.

Enfourner pour 15 minutes, au bout de ce temps entrouvrir la porte du four et laisser cuire encore 15 minutes.

Sortir la plaque du four et laisser refroidir.

Faire fondre le chocolat au bain-marie avec l'eau, puis ajouter la crème. Au besoin, rajouter un peu d'eau ou de lait. Réserver au bain-marie.

Inciser les choux sur le coté, les remplir de glace, les laisser un peu entrouverts.

Les dresser sur les assiettes de service, verser un peu de chocolat chaud.

Servir aussitôt avec le reste du chocolat en saucière.

LIBRAIRIE - PAPETERIE - MAROQUINERIE

Nicole Lucas

2, avenue de la Liberté

L - 4601 Differdange

Tél. 58 68 48

HIVER

Tartelettes au chocolat et à la mandarine

Préparation : 40 minutes
Cuisson : 30 minutes

Pour 4 personnes :
- 1/2 litre de sorbet mandarine
- 2 mandarines
- 200 g de chocolat noir
- 1/2 c à café de café instantané
- 4 œufs
- 1 c à soupe de rhum
- 20 cl de crème liquide
- 1 sachet de sucre vanillé

Pâte :
- 125 g de farine
- 70 g de beurre
- 1 pincée de sel

Préparer la pâte : dans une jatte mettre la farine, le sel et le beurre coupé en petits morceaux. Travailler le tout du bout des doigts puis ajouter un peu d'eau. Former une boule, la fariner, puis étaler la pâte. En garnir 4 moules à tartelettes. Piquer la pâte puis faire cuire les tartelettes à blanc, avec une charge, 20 minutes à four chaud Th.6/180°.
Les sortir du four, retirer la charge et laisser refroidir.
Dans une casserole mettre un tout petit peu d'eau et le café instantané. Ajouter le chocolat coupé en morceaux et faire fondre sur feu doux jusqu'à ce qu'il soit bien lisse. Le maintenir très chaud, presque bouillant. Dans une jatte battre les jaunes d'œufs en omelette, ajouter le rhum. Verser le chocolat et bien mélanger le tout.
Battre vigoureusement la crème liquide au fouet, elle doit presque doubler de volume. L'incorporer au chocolat.
Verser la préparation sur les fonds de tarte, mettre au réfrigérateur 1 heure.
A l'aide d'une cuillère à glace former des boules de sorbet mandarine et les garder au congélateur.
Au moment de servir, peler à vif les mandarines, dégager les quartiers, les déposer sur la tarte et ajouter les boules de sorbet mandarine.

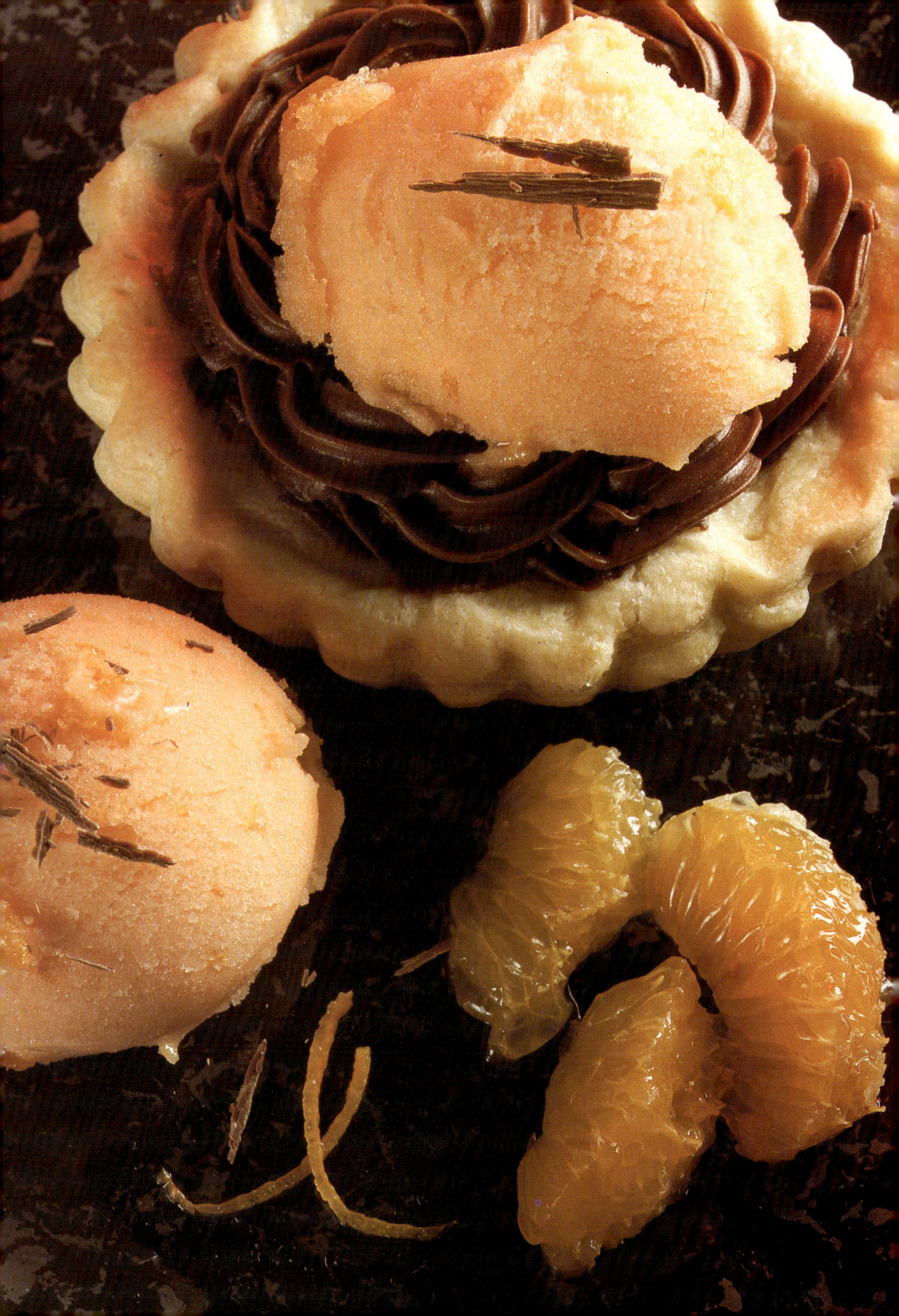

HIVER

Préparation : 40 minutes
Cuisson : 30 minutes

Pour 6 personnes :
• 1 litre de sorbet mandarine ou orange
Pâte :
• 125 g de beurre
• 250 g de farine
• 1 pincée de sel
Appareil :
• 4 œufs entiers
• 125 g de sucre
• 130 g de beurre
• 125 g de poudre d'amandes
• 4 citrons
• 4 oranges

Tarte citron-mandarine

Préparer la pâte : dans une jatte mettre la farine, le sel et le beurre coupé en petits morceaux. Travailler le tout du bout des doigts. Ajouter un peu d'eau et former une boule. Abaisser la pâte et en garnir un moule à tarte. Piquer la pâte et mettre au froid.

Prélever le zeste des citrons, le hacher finement, le mettre dans une petite casserole avec 1/2 litre d'eau et porter à ébullition ; égoutter et réserver.

Presser les oranges et les citrons.

Dans une jatte casser les œufs, les battre puis ajouter le sucre et la poudre d'amandes, les jus de fruits, les zestes et le beurre fondu. Bien mélanger le tout et verser dans le moule. Enfourner pour 15 minutes Th.7/210°, puis 15 minutes Th.6/180°. Sortir du four et laisser tiédir.

Préparer les boules de sorbet et les garder au congélateur. Au moment de servir, couper la tarte en parts, déposer sur chaque part deux ou trois boules de sorbet.

Servir aussitôt.

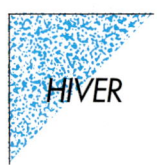

HIVER

Préparation : 1 heure
(4 heures à l'avance)
Cuisson : 15 minutes

Pour 4 personnes :
• 1/2 litre de glace pralinée
• quelques copeaux de chocolat noir et blanc
Mousse :
• 250 g de chocolat "bitter"
• 1 dl d'eau
• 50 g de beurre
• 3 œufs
Tulipes :
• 120 g de sucre en poudre
• 20 g de farine
• 2 blancs d'œufs et demi
• 30 g de beurre

Tulipes de chocolat au praliné

Préparer les tulipes : dans une jatte mettre les jaunes d'œufs et le sucre, bien mélanger le tout. Puis ajouter la farine, le beurre fondu, les blancs battus grossièrement. Verser un peu de cette préparation sur la plaque du four beurrée, l'étaler pour former quatre ronds de 12 centimètres de diamètre, enfourner pour 10 minutes Th.6/180°.

Avec une spatule, retirer les biscuits et les déposer dans des bols pour leur donner la forme de tulipes.

Préparer la mousse dans une casserole, faire chauffer l'eau, ajouter le chocolat coupé en morceaux. Retirer du feu et laisser fondre le chocolat sans remuer. Casser les œufs, séparer les blancs des jaunes. Lisser le chocolat avec une spatule, ajouter les jaunes d'œufs un à un en tournant vivement, puis ajouter le beurre. Battre les blancs en neige ferme, les mélanger au chocolat en soulevant la masse. Mettre la mousse au réfrigérateur au moins 4 heures.

Au moment de servir, remplir chaque tulipe de mousse à l'aide d'une poche à douille cannelée. Déposer deux boules de glace pralinée. Décorer de copeaux de chocolat blanc et noir.

HIVER

Tulipes aux pommes

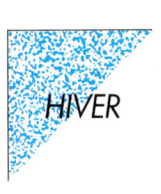

Préparation : 30 minutes
(2 heures à l'avance)
Cuisson : 10 minutes

Pour 4 personnes :
- 1 litre de sorbet pomme
- 2 pommes Grany Smith
- quelques cerneaux de noix
- 1/2 c à café de cannelle en poudre

Crème anglaise :
- 1/2 litre de lait
- 4 jaunes d'œufs
- 80 g de sucre
- 1 gousse de vanille

Tulipes :
- 120 g de sucre en poudre
- 20 g de farine
- 2 blancs d'œufs et demi
- 30 g de beurre

Préparer la crème anglaise : faire bouillir le lait avec la gousse de vanille fendue. Laisser infuser 10 minutes. Gratter l'intérieur de la gousse de vanille pour récupérer les graines aromatiques. Les ajouter au lait.

Dans une terrine, travailler les jaunes d'œufs avec le sucre pour obtenir un mélange onctueux et crémeux. Verser progressivement le lait chaud sur ce mélange.

Faire épaissir la crème sur feu doux en fouettant sans arrêt. Dès que la crème nappe la cuillère retirer du feu.

Préparer les tulipes : dans une jatte mettre les jaunes d'œufs et le sucre, bien mélanger le tout. Ajouter la farine, le beurre fondu, les blancs battus grossièrement.

Verser un peu de cette préparation sur la plaque du four beurrée, l'étaler pour former quatre ronds de 12 centimètres environ de diamètre, enfourner pour 10 minutes Th.6/180°. Avec une spatule, retirer les biscuits et les déposer dans des bols pour leur donner la forme de tulipes.

Ajouter la cannelle à la crème anglaise, bien mélanger.

Peler les pommes, retirer les cœurs et couper la chair en petits dés.

A l'aide d'une cuillère à glace former des boules de sorbet pomme et les garder au congélateur.

Au moment de servir déposer les boules de sorbet pomme dans les tulipes, ajouter les dés de pommes et les cerneaux de noix.

Servir aussitôt avec la crème anglaise à la cannelle.

Les trucs des glaces

– Avant de la servir, sortir la glace du congélateur environ 30 minutes et la mettre dans le réfrigérateur.

– Pour démouler une glace : il suffit de passer le moule très rapidement sous l'eau tiède et de le retourner sur le plat de service ; au bout de quelques secondes, elle se démoulera d'elle même.

– En règle générale, il faut compter 1/2 litre pour 3 à 4 personnes, 1 litre pour 6 à 8 personnes. Mais les quantités varient selon la gourmandise de chacun et surtout la nature du dessert. Lorsque la glace doit être présentée avec des fruits, de la meringue, de la crème, ou un biscuit sous forme de charlotte, on peut réduire les portions.
Si vous la servez seule, prévoyez trois, quatre ou cinq boules différentes par personne et nappez-les avec un coulis de fruits ou une sauce au chocolat, présentation très à la mode dans les restaurants où prime la nouvelle cuisine. Certains chefs l'appellent "panaché", les plus lyriques parlent de "farandole".

– Préparez vos boules à l'avance et laissez-les en attente dans votre congélateur.

– Variez les présentations ! Au lieu des sempiternelles coupes en inox ou en verre, optez pour des assiettes ou des verres à pied, des flûtes qui conviennent merveilleusement aux sorbets alcoolisés : la liqueur parfume les boules sans les imbiber.

– Inutile de jouer au glacier professionnel, si vous n'avez pas de cuillère spéciale. On trouve aujourd'hui des modèles "design" et pratiques qui vous permettront de façonner des boules bien dodues qui font la joie des enfants.

– Une solution de remplacement pour les plus méticuleux : deux cuillères à soupe. On utilise la première pour mouler la glace, la deuxième pour la faire glisser dans la coupe de présentation. Vous pouvez aussi couper la glace en cubes ou en tranches.

– Ayez toujours des glaces dans votre congélateur, elles constituent une excellente idée de dessert. Il suffit d'avoir à disposition les ingrédients de la fête : biscuits, raisins secs, fruits confits, fruits frais, copeaux de chocolat, noix de coco râpée...

Table des matières

Les 4 saisons des glaces .... p. 5
Histoire de glaces .... p. 6

Au printemps .... p. 9
L'abricotier .... p. 10
Assiette de fraises à la menthe .... p. 10
Charlotte rose .... p. 11
Cocktail Joséphine .... p. 11
Coupe Lady .... p. 12
Coupe printemps .... p. 12
Coupe Passion framboises .... p. 13
Coupe Tennis .... p. 13
Duo sur canapé .... p. 14
Fête en blanc .... p. 16
Champagne au citron .... p. 16
Iles flottantes .... p. 17
Gelée de fruits rouges au coco .... p. 18
Génoise à la mangue .... p. 20
Glace meringuée sauce pistache .... p. 22

Goûter d'enfants :
Milk shake à la fraise .... p. 25
Sandwiches vanille-fraise .... p. 25
Etoile des sables à la fraise .... p. 25
Gâteau roulé aux fraises .... p. 26
Kiwis à la purée de fraises .... p. 26
Kiwis tièdes aux fruits de la passion .... p. 27
Milk shake à la menthe .... p. 29
Poisson glacé de Pâques .... p. 29
Soupe de cerises .... p. 30
Tarte tutti frutti .... p. 32
Tourte italienne .... p. 33

L'été .... p. 35
Assiette exotique .... p. 36
Bavarois aux macarons et aux pêches .... p. 38
Brioches tièdes aux framboises .... p. 39
Charlotte tricolore .... p. 40
Cocktail Nina .... p. 41
Cocktail royal .... p. 41
Coup de soleil .... p. 41
Compote de cerises .... p. 42
Crème aux abricots .... p. 42
Déjeuner sur l'herbe .... p. 43
Compote d'abricots .... p. 43
Compote de fruits rouges .... p. 43
Flans aux pistaches et au cassis .... p. 44
Framboises chaudes aux pistaches .... p. 46
Melon fraîcheur .... p. 48
Mousse blanche aux framboises .... p. 50
Melon vert aux couleurs d'été .... p. 52
Papayes farcies .... p. 52
Petits soufflés aux fraises .... p. 53
Pêches-abricots rôties .... p. 54
Pêches pochées au gingembre .... p. 55
Soupe de pêches aux groseilles .... p. 55
Soupe de fruits rouges .... p. 56
Soupe de melon vert à l'abricot et aux framboises .... p. 57
Tulipes d'abricot .... p. 58
Tartelettes aux fraises et aux pistaches .... p. 60
Terrine de melon à la passion .... p. 61
Vacherin aux fruits rouges .... p. 62

L'automne .... p. 65
Abricots flambés .... p. 66
Bananes en papillotes .... p. 66
Cake à l'orange .... p. 67
Coupe agennoise .... p. 67
Coupe bourguignonne .... p. 68
Coupe Saint-Emilion .... p. 70
Dés glacés aux noisettes .... p. 71
Farandole d'automne .... p. 72
Figues fraîches en papillotes à la pistache .... p. 73
Fondant chocolat-menthe .... p. 74
Fondant aux poires .... p. 76
Friands au miel et aux pruneaux .... p. 77
Flans à l'orange .... p. 79
Gâteau au café .... p. 80
Gâteau aux noix, à la vanille et aux coings .... p. 81
Gâteau de semoule à la poire .... p. 82
Gratin de poires aux macarons .... p. 83
Gratin de figues .... p. 84
Mille et une nuits .... p. 86
Mirabelles à la vanille .... p. 88
Mousse au caramel .... p. 89
Mousse de chocolat blanc au caramel .... p. 90
Pamplemousse au miel et à l'orange .... p. 91
Pommes glacées aux noisettes .... p. 91
Poires vapeur au cassis .... p. 92
Quetsches tièdes à la vanille .... p. 93
Riz au caramel .... p. 94
Tarte new-yorkaise .... p. 96

En hiver .... p. 99
Ananas créole .... p. 100
Bûche glacée sur quatre-quart .... p. 102
Bombe au chocolat .... p. 103
Charlotte glacée .... p. 103
Chaud froid de café .... p. 104
Coupe colombine .... p. 106
Coupe d'hiver .... p. 106
Crêpes Banana .... p. 107
Crêpes gourmet .... p. 107
Crêpes aux mandarines .... p. 108
Galant chocolat-café .... p. 110
Gelée de mandarines .... p. 111
Génoise au chocolat et à la vanille .... p. 111
Mini baba des îles .... p. 112
Meringues pastel .... p. 114
Mont-blanc .... p. 114
Noël exotique .... p. 115
Punch aux fruits de la passion .... p. 115
Parfait d'hiver .... p. 116
Pommes au four .... p. 118
Profiteroles à la vanille .... p. 118
Tartelettes au chocolat et à la mandarine .... p. 120
Tarte citron-mandarine .... p. 122
Tulipes de chocolat au praliné .... p. 122
Tulipes aux pommes .... p. 123
Les trucs des glaces .... p. 124

Achevé d'imprimer 2ème trimestre 1987.
Photographie de la couverture : Manfred Seelow
Photographies intérieures : Hervé Amiard – Photographie de Patrice Laffont : François O'Born.
Stylisme : Martine Boutron
Conception-Maquette : Jean-Jacques de Galkowsky
Composition : Néotyp – Photogravure : Phag

Printed in Italy

Shopping : Laurence Mouton

Nous remercions : Scandi-Art, Daniel Hechter, Primerose Bordier, Della Torre, Longchamps, Dîners en Ville, Molin, Diva, Tuile à Loup, Geneviève Lethu, Art populaire, Entrepôt, Kaola, La Carpe, Arcasa, Jean Luce.

Réalisation : Véronique Foucault Conseil pour Les Glaciers de France : Sopexa.

PUBLICATION JEAN-PIERRE TAILLANDIER
Direction Technique : Marie-Noël Lézé.
ISBN 2-87636-003-9

© Tous droits réservés pour tous pays par
O.F.P. 27, rue de Marignan – 75008 Paris
tél. : (1) 42 56 07 43 – télex : 649 945 F – téléfax : (1) 42 56 12 75